COURS ÉLÉMENTAIRE ET RAISONNÉ
DE LANGUE FRANÇAISE

ÉLÉMENTS

DE LA

GRAMMAIRE FRANÇAISE

DE LHOMOND

REVUS ET COMPLÉTÉS

PAR

B. JULLIEN

délégué pour l'un des arrondissements de Paris, secrétaire de la Société
des méthodes d'enseignement

Deuxième édition

PARIS

LIBRAIRIE DE L. HACHETTE ET Cie

RUE PIERRE-SARRAZIN, N° 14

(Près de l'École de médecine)

1852

COURS

ÉLÉMENTAIRE ET RAISONNÉ

DE LANGUE FRANÇAISE

Paris. — Typographie Panckoucke, rue des Poitevins, 8 et 14.

ÉLÉMENTS

DE LA

GRAMMAIRE FRANÇAISE

DE LHOMOND

REVUS ET COMPLÉTÉS

PAR

B. JULLIEN

délégué pour l'un des arrondissements de Paris, secrétaire de la Société
des méthodes d'enseignement

Deuxième édition

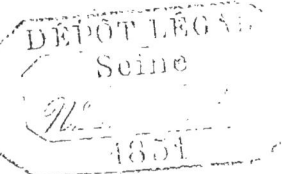

PARIS

LIBRAIRIE DE L. HACHETTE ET Cie

RUE PIERRE-SARRAZIN, No 14

(Près de l'École de médecine)

1852

PRÉFACE

DU NOUVEL ÉDITEUR.

------◦◦◦------

Nous avons toujours pensé, nous persistons à croire que la meilleure grammaire à mettre entre les mains des enfants qui commencent, c'est celle de Lhomond, légèrement retouchée.

Ce digne maître avait passé sa vie avec les enfants; il avait étudié avec un soin particulier, non-seulement leurs dispositions et leurs goûts, mais leur capacité intellectuelle, si l'on peut ainsi parler.

Il avait mesuré ce qu'ils peuvent apprendre facilement chaque jour et ce qui reste dans leur mémoire après une étude prolongée pendant six mois ou un an.

Il s'était surtout efforcé de prendre le ton qui leur convient, et de s'exprimer dans un langage qu'ils comprissent parfaitement.

Aussi trouve-t-on dans tous ses ouvrages ces qualités que ses successeurs ne se sont pas assez attachés à conserver : 1° juste mesure du volume, pour une première étude; 2° division de l'ouvrage en chapitres et en paragraphes de peu d'étendue; 3° langage extrêmement simple et éloigné de toute prétention à la science abstraite ou à ce qui y ressemble.

Les seuls défauts qu'on puisse reprocher à Lhomond tiennent tous au mépris exagéré qu'il avait pour la métaphysique du langage. Sans doute, il ne faut pas embarrasser les enfants de toutes ces difficultés; mais, si l'auteur ne les a pas résolues d'avance pour lui-même, il se paye, un peu plus tard, de mots qui ne signifient rien, laisse passer des définitions inexactes, des règles fausses, ou range ses leçons dans un ordre qui n'est pas toujours le plus avantageux.

Il y a, dans la Grammaire de Lhomond, plusieurs fautes de ce genre. Toutes ensemble, heureusement, n'y tiennent qu'une très-petite place : il a suffi souvent, pour les faire disparaître, de substituer un mot à un autre, de modifier une phrase, de déplacer un paragraphe.

Quelquefois, quand le texte était évidemment incomplet, ou la théorie grammaticale complétement erronée, il a fallu

ajouter quelques détails, ou substituer des principes plus exacts ;
mais ce travail exigeait la plus grande réserve, et nous avons
dû garder pour une grammaire plus complète les augmentations considérables qu'exigerait un livre destiné à un âge plus
avancé.

C'est sur ces bases que nous avons préparé l'édition que nous
publions aujourd'hui. Nous avons, autant que nous l'avons pu,
conservé les propres expressions de Lhomond, et voici à quoi
se réduisent les changements que nous avons introduits dans
sa grammaire :

Plan et division de l'ouvrage. — Nous avons conservé le
plan et les chapitres de Lhomond, mais en déplaçant quelquefois les parties que l'état actuel de la grammaire ne permet pas
de maintenir où il les avait mises.

Division des chapitres. — Les chapitres sont divisés en petites
sections numérotées, dont les titres sont toujours détachés.
C'est une addition toute matérielle, mais qui n'est pas sans in-
fluence sur la manière dont les enfants apprennent et retiennent.

Nous ferons même, à ce sujet, une observation importante.
Chaque section ou paragraphe traite un point particulier indi-
qué par son titre, et son étendue est toujours fort restreinte.

Toutefois, les maîtres peuvent partager la matière de cette
section en deux ou plusieurs leçons : il peut être très-utile, et
il n'est jamais dangereux, de s'arrêter longtemps sur les mêmes
points, afin qu'ils soient bien sus ; mais il importe qu'une seule
leçon ne s'étende jamais au delà d'une section de chapitre. Il
y a beaucoup d'avantage pour l'enfant qui étudie à ce que sa
vue soit exactement circonscrite sur ce qu'on lui fait apprendre
actuellement. Cette habitude met de la netteté dans ses idées,
de la rectitude dans son esprit. Si un paragraphe contient l'ac-
cord des adjectifs avec le nom, n'y ajoutez rien du suivant, où
il est question du *complément des adjectifs ;* car c'est une idée
toute différente qui ne peut que brouiller la première. Les
maîtres feront donc bien de ne jamais empiéter d'une section
sur l'autre ; ils reconnaîtront bientôt que les enfants savent
plus vite et mieux.

Exécution typographique. — Elle est ramenée à la simplicité
primitive. Les éditeurs successifs de la Grammaire de Lhomond
ont multiplié les caractères différents, tantôt pour indiquer les
exemples, tantôt pour marquer les exceptions, tantôt pour dis-
poser certains mots dans un ordre particulier. Tout cela produit
une confusion fâcheuse dans l'esprit des enfants. Pour eux,
une exception est une règle ; un exemple fait partie de la règle.
Il n'y avait donc point de motifs pour conserver cette variété de
caractères. Nous mettons seulement en petit texte ce qui forme
tableau.

Introduction. — Elle se divise en deux sections, à cause des voyelles et des consonnes. Quelques lignes y sont transposées, pour mettre ensemble les choses de même nature ; quelques observations, placées par Lhomond dans les *Remarques parti-culières*, sont si générales, qu'elles ont aussi dû être ramenées dans l'introduction.

Chapitre Ier. — Nous y ajoutons les noms collectifs et les parti-tifs que Lhomond nomme ailleurs, et les défectifs qu'il ne nomme pas. Nous donnons aussi un paragraphe de quelques noms abs-traits ou généraux, que Lhomond place mal à propos parmi les pronoms, quoiqu'ils ne se rapportent pas toujours à un nom, et que, surtout, ils ne changent pas de genre et de nombre selon les mots qu'ils remplacent[1].

Chapitre II. — *De l'article.* C'est le texte de Lhomond pres-que sans changement.

Chapitre III. — *De l'adjectif.* C'est là qu'ont dû être faites les transpositions les plus considérables, parce que beaucoup d'adjectifs déterminatifs avaient été placés dans le chapitre des pronoms. Cette mauvaise classification vient surtout de la grammaire latine, où on appelle en effet *pronoms* un certain nombre de mots qui suivent une déclinaison particulière. Ces mots étant souvent de nature très-différente, il n'y avait aucune raison pour les maintenir dans une classe aussi artificielle : en effet, depuis longtemps, même dans les grammaires élémen-taires, presque tous avaient été rangés d'une manière plus ré-gulière et plus conforme à l'usage de la langue française ; nous n'avons fait que suivre cette voie.

Chapitre IV. — Ce chapitre, consacré aux pronoms, est allégé de tout ce qui a passé dans le chapitre des noms, et sur-tout dans celui des adjectifs. Il ne contient que les pronoms véritables, c'est-à-dire les pronoms personnels et le pronom démonstratif *celui, celle.* Nous mentionnons aussi dans ce der-nier paragraphe les *mots relatifs invariables en, y,* et *le,* signi-fiant *de cela, à cela* ou *en ce lieu,* et *cela, cette chose,* parce que ces mots se placent devant les verbes comme les pronoms, quoiqu'ils ne s'accordent pas, comme ceux-ci, avec les mots qu'ils rappellent, et même ne se rapportent pas toujours à un nom.

Chapitre V. — C'est celui des verbes : ce chapitre est pres-

___

1. Les maîtres désirent sans doute, d'une part, l'exposé des raisons qui justi-fient les légers changements dont il s'agit ; de l'autre, des exercices calqués sur les chapitres de cette Grammaire.

Ces exercices ont paru avec les corrigés pour les maîtres, à la librairie de L. Hachette et Cie ; et quant aux raisons des changements faits, elles ne pouvaient trouver place dans un livre destiné à être appris tout entier par cœur : mais on les trouve toutes dans le *Traité complet d'analyse grammaticale* du même au-teur.

que aussi étendu à lui seul que les autres ensemble. Nous avons eu peu de chose à y ajouter pour la théorie. Mais les divers sujets ont été mis dans un meilleur ordre; les modèles des verbes ont été aussi mieux rangés; il en manquait de nécessaires qu'il a fallu ajouter. Notre conjugaison, sans être absolument complète, est du moins suffisante.

La section des verbes irréguliers a dû être refaite en entier. Lhomond appelait *irréguliers* les verbes qui ne suivent pas exactement un des quatre modèles qu'il avait donnés. C'est là une mauvaise définition. La vraie irrégularité des verbes consiste en ce que les temps dérivés ne se forment pas des primitifs, selon la règle générale. Or, dans le tableau de Lhomond, on ne trouve que les temps primitifs de ces verbes; par conséquent, l'irrégularité n'est pas marquée du tout. *Dire,* par exemple, est donné comme irrégulier : il ne l'est qu'à la seconde personne du pluriel *vous dites,* et cette personne n'est pas sur le tableau. Il en est de même de *faire,* dont le subjonctif est *je fasse,* qui ne se forme pas régulièrement du participe *faisant :* ce subjonctif n'est pas non plus sur la liste. Il fallait donc, au lieu de ranger ces verbes selon la terminaison des infinitifs, ce qui ne sert absolument à rien, donner, outre les temps primitifs, les formes irrégulières : c'est ce que nous avons fait.

Chapitre VI. — Ce chapitre, consacré au participe et déjà très-court chez Lhomond, l'est encore plus chez nous, parce qu'en effet, tout ce qui concerne le participe passé, considéré dans ses combinaisons avec *être* ou *avoir,* a été dit précédemment à propos du verbe passif, des compléments des temps composés passés et des verbes réfléchis.

Chapitres VII à XIII. — Les chapitres suivants n'ont reçu que des augmentations imperceptibles. C'est quelquefois dans la théorie, c'est surtout dans les exemples, qu'il a paru convenable d'ajouter quelques détails.

Tels sont, en résumé, les additions et les redressements qui nous ont paru indispensables. Le tout ensemble n'a certainement pas grossi d'un sixième le volume primitif; de sorte qu'il serait difficile de reconnaître les changements introduits par nous, si l'on n'avait pas le livre original entre les mains pour faire la comparaison.

Notre objet dans ce travail a été double : nous avons espéré faire ainsi un livre complétement utile à l'enfance; nous avons voulu aussi donner une preuve de notre respectueuse reconnaissance pour l'excellent homme dont les livres ont guidé nos premiers pas dans l'étude du français et du latin. L'événement montrera si nous n'avons pas trop présumé de nos forces.

ÉLÉMENTS

DE LA

GRAMMAIRE FRANÇAISE.

INTRODUCTION.

§ 1. LETTRES; VOYELLES; SIGNES ORTHOGRAPHIQUES.

La Grammaire est l'art de parler et d'écrire correctement.

Parler, c'est exprimer sa pensée en prononçant des mots.

Écrire, c'est représenter les sons des mots avec des caractères appelés *lettres.*

Les mots écrits sont composés de *lettres.*

Il y a deux sortes de lettres, les *voyelles* et les *consonnes.*

Les voyelles sont : *a, e, i, o, u* et *y.*

On les appelle *voyelles,* parce que, seules, elles représentent une *voix,* c'est-à-dire un son plein.

On distingue les voyelles *longues* et les voyelles *brèves.*

Les voyelles *longues* sont celles sur lesquelles on appuie plus longtemps que sur les autres en les prononçant.

Les voyelles *brèves* sont celles sur lesquelles on appuie moins longtemps.

1

Par exemple, *a* est long dans *pâte* pour faire du pain ;
il est bref dans *patte* d'animal ; *e* est long dans *tempête*,
et bref dans *trompette* ; *i* est long dans *gîte*, et bref
dans *petite* ; *o* est long dans *apôtre*, et bref dans *dé-
vote* ; *u* est long dans *flûte*, et bref dans *butte*.

Il y a plusieurs sortes d'*e* ; les principaux sont : *e*
muet, *é* fermé, *è* ouvert.

L'*e* muet, comme à la fin de ces mots : *homme*,
monde ; on l'appelle *muet*, parce que le son en est peu
sensible.

L'*é* fermé, comme à la fin de ces mots : *bonté*, *café* ;
on l'appelle *fermé*, par opposition avec le suivant.

L'*è* ouvert, comme à la fin de ces mots : *procès*,
accès, *succès* ; on l'appelle *ouvert*, parce que le son en
est plus clair que le précédent.

L'*y* s'emploie souvent pour deux *i*, comme dans
pays, *moyen*, *joyeux* : prononcez *pai-is*, *moi-ien*,
joi-ieux.

Pour marquer les différentes sortes d'*e* et les voyelles
longues, on emploie de petits signes que l'on appelle
accents ; savoir : l'accent aigu (ʹ) qui se met sur les *é*
fermés, *bonté* ; l'accent grave (ˋ) qui se met sur les *è*
ouverts ; *accès* ; et l'accent circonflexe (ˆ) qui se met sur
la plupart des voyelles longues : *apôtre*, *tempête*.

L'*apostrophe* est un autre petit signe (ʼ) qui marque
le retranchement d'une de ces voyelles : *a*, *e*, *i* ; *l'a-
beille* pour *la abeille* ; *s'il vient* pour *si il vient*.

On appelle *voyelle double* deux voyelles qui représentent un son unique, comme *ai* dans *plaire*, *au* dans
saule ; prononcez *plère*, *sôle*.

On appelle *tréma* (¨) deux points placés sur les
voyelles *ë*, *ï*, *ü*, quand ces lettres doivent être pro-
noncées séparément de la voyelle qui précède, comme
poëte, *naïf*, *Saül*.

§ 2. CONSONNES; ESPÈCES DE MOTS.

Il y a dix-neuf consonnes; savoir : *b*, *c*, *d*, *f*, *g*, *h*, *j*, *k*, *l*, *m*, *n*, *p*, *q*, *r*, *s*, *t*, *v*, *x*, *z*.

Ces lettres s'appellent *consonnes*, parce qu'elles ne représentent un son plein qu'avec le secours des voyelles, comme *ba*, *bé*, *bi*, *bo*, *bu*; *ça*, *cé*, *ci*, *co*, *cu*; *da*, *dé*, *di*, *do*, *du*, etc.

On dit qu'une consonne est *muette* quand elle ne se prononce pas dans un mot : *p* est muet dans *compter*; *c* est muet à la fin de *tabac*; *s*, à la fin des mots *dans*, *bons*, etc.

La consonne *c* prend quelquefois une cédille (*ç*). On appelle ainsi une petite figure qu'on met sous le *c* devant *a*, *o*, *u*, pour avertir qu'il doit avoir le son d'une *s*, comme dans *façon*, *leçon*, *façade*, *reçu*.

D muet, à la fin des mots, se prononce comme *t* devant une voyelle ou une *h* muette : *grand homme*, il *prend à droite*; prononcez comme s'il y avait *gran tomme*, *pren tà*.

Gn, au milieu d'un mot, forme une prononciation mouillée, comme dans ces mots : *ignorance*, *magnanime*, *agneau*, *signal*.

La consonne *h* ne se fait pas entendre dans certains mots, *l'homme*, *l'honneur*, *l'histoire*, etc., qu'on prononce comme s'il y avait *l'omme*, *l'onneur*, *l'istoire*; alors on l'appelle *h muette*.

Mais dans les mots suivants : *la haine*, *le hameau*, *le héros*, la lettre *h* empêche de retrancher dans *la* et *le* les voyelles *a* et *e*, ou de faire sonner *s* de *les* sur l'*é* de *héros*; alors on l'appelle *h aspirée* : ainsi l'on écrit et l'on prononce séparément les deux mots *la haine*, et non pas *l'haine*; *les héros*, et non pas comme s'il y avait *les zhéros*.

L au milieu et à la fin des mots, quand elle est précédée d'un *i*, est souvent mouillée, et se prononce comme à la fin de ces mots : *soleil, orgueil, famille, bouillir*.

S entre deux voyelles se prononce comme *z*. Exemple : *maison, poison, ruse, braise*, etc. ; excepté les mots *préséance, présupposer*, etc., où l'on conserve la prononciation de l'*s*.

S muette, à la fin des mots, se prononce aussi comme un *z* sur la voyelle qui suit ; *les amis, dans une heure*, prononcez *lé zamis, dan zune*, etc.

T, à la fin des mots, est ordinairement muet : *lacet, secret;* il ne se prononce pas à la fin de ces mots : *respect, aspect*, même quand le mot suivant commence par une voyelle ou une *h* muette ; ainsi, prononcez *respect humain*, comme s'il y avait *respec humain*.

T devant *i* et une autre voyelle se prononce souvent comme *s* : *minutieux, affection;* prononcez *minussieux, affecsion*.

Il y a en français dix sortes de mots, qu'on appelle les *parties du discours;* savoir : le *Nom*, l'*Article*, l'*Adjectif*, le *Pronom*, le *Verbe*, le *Participe*, la *Préposition*, l'*Adverbe*, la *Conjonction* et l'*Interjection*.

CHAPITRE PREMIER.

LE NOM.

—

§ 3. DIVERSES ESPÈCES DE NOMS; GENRES, NOMBRES.

Le Nom est un mot qui sert à nommer une personne ou une chose, comme *Pierre*, *Paul*, *livre*, *chapeau*.

Il y a deux sortes de noms, le nom *commun* et le nom *propre*.

Le nom commun est celui qui convient à toutes les personnes ou à toutes les choses semblables : *homme*, *cheval*, *maison*, sont des noms communs ; car le nom *homme* convient à tous les hommes, le nom *cheval* à tous les chevaux, etc.

Le nom propre est celui qui ne convient qu'à une ou à quelques personnes, qu'à une ou à quelques choses, comme *Adam*, *Ève*, *Paris*, *la Seine*, *les Corneille*, *les Mérovingiens*.

Dans les noms il faut considérer le *genre* et le *nombre*.

Il y a en français deux genres, le *masculin* et le *féminin*. Les noms d'hommes ou de mâles sont du genre masculin, comme *un père*, *un lion*; les noms de femmes ou de femelles sont du genre féminin, comme *une mère*, *une lionne*.

Ensuite, par imitation, on a donné le genre masculin ou le genre féminin à des choses qui ne sont ni mâles ni femelles, comme *un livre*, *une table*, *le soleil*, *la lune*, etc.

Il y a deux nombres, le *singulier* et le *pluriel* : le singulier, quand on parle d'une seule personne ou d'une seule chose, comme *un homme, un livre*; le pluriel, quand on parle de plusieurs personnes ou de plusieurs choses, comme *les hommes, les livres*.

§ 4. FORMATION DU PLURIEL DANS LES NOMS.

Pour former le pluriel, ajoutez s à la fin du nom : *le frère, les frères; la sœur, les sœurs; le livre, les livres; la table, les tables*.

EXCEPTIONS : 1°. Les noms terminés au singulier par *s, z, x,* n'ajoutent rien au pluriel : *le fils, les fils; le nez, les nez; la voix, les voix*.

2°. Les noms terminés au singulier par *au, eu, ou,* prennent *x* au pluriel; *le bateau, les bateaux; le feu, les feux; le caillou, les cailloux*.

3°. La plupart des noms terminés au singulier par *al,* font leur pluriel en *aux : le mal, les maux; le cheval, les chevaux*.

4°. Parmi les noms en *ail,* quelques-uns ont le pluriel en *aux : travail, travaux; bail, baux;* d'autres suivent la règle générale : *détail, détails; camail, camails*.

5°. *Ciel* fait *cieux; œil* fait *yeux*.

6°. Il y a enfin des noms qui n'ont qu'un nombre : on les appelle *défectifs,* c'est-à-dire *manquants*. Les uns n'ont que le singulier, comme *l'argent, la tempérance;* les autres n'ont que le pluriel, comme *les mœurs, les ancêtres*.

§ 5. NOMS COLLECTIFS, PARTITIFS ET ABSTRAITS OU GÉNÉRAUX.

Parmi les noms communs, on distingue encore ceux qui servent à marquer une collection, une quantité, comme *dizaine*, *douzaine*, *multitude*, etc. On les appelle *noms collectifs*.

Il y en a d'autres qui marquent les parties d'un tout, comme *la moitié*, *le tiers*, *le quart*, etc. On les appelle *noms partitifs*.

Il y a aussi des noms généraux de personnes ou de choses qui reviennent sans cesse dans le discours, presque toujours seuls, quelquefois avec l'article *le*, *la*, *les*; voici les plus importants :

On, *l'on* (masculin singulier), l'homme en général : *on dit.*

Personne (féminin), un seul individu de l'espèce humaine : *payer tant par personne.* Dans les phrases interrogatives et négatives, il est masculin : *il n'y a personne, personne n'est-il venu?*

Quiconque (masculin singulier), tout homme quel qu'il soit : *quiconque passera par ici.*

Autrui (masculin singulier), autre homme : *s'emparer du bien d'autrui.*

Ce (masculin singulier), nom de chose tout à fait général et indéterminé : *c'est mon frère; ce qui me fâche, c'est ma mauvaise santé.*

Ceci (masculin singulier), tout objet rapproché de nous : *voulez-vous ceci?*

Cela (masculin singulier), tout objet plus éloigné : *voulez-vous cela?*

Rien (masculin), chose considérée comme réduite à sa plus petite valeur : *avoir pour rien, si peu que rien, ne manquer de rien.* — Il s'emploie surtout dans des phrases négatives; alors il est toujours du singulier : *je n'ai rien.*

CHAPITRE II.

L'ARTICLE.

§ 6. DÉFINITION ; FORMES DIVERSES.

L'ARTICLE est un petit mot que l'on met devant les noms, pour indiquer qu'ils sont pris dans un sens déterminé [1] : *le livre, la ville, la Seine, les Français.*

Le se met devant un nom masculin singulier, *le père ; la* se met devant un nom singulier féminin, *la mère ; les* se met devant tous les noms pluriels, soit masculins, soit féminins, *les pères, les mères.*

Ainsi l'on connaît qu'un nom est du genre masculin quand on peut mettre *le* devant ce nom : on connaît qu'un nom est du genre féminin quand on peut mettre *la.*

Il y a deux remarques à faire sur l'*article :*

1°. On retranche *e* dans le mot *le,* on retranche *a* dans le mot *la,* quand le mot suivant commence par une voyelle ou une *h* muette. Ainsi l'on dit *l'argent* pour *le argent, l'histoire* pour *la histoire ;* mais alors on met à la place de la lettre retranchée la petite figure qu'on appelle *apostrophe.*

2°. Devant un nom masculin singulier qui commence par une consonne ou une *h* aspirée, au lieu de mettre *de la* on met *du,* au lieu de *à le* on met *au.*

---

1. L'article est le premier et le plus employé des adjectifs déterminatifs. Déjà beaucoup de grammaires élémentaires le classent ainsi avec raison. Nous avons cependant respecté la division de Lhomond, puisque son nom se trouve en tête de ce volume. Mais les élèves doivent être prévenus que ce mot se comporte partout comme les autres adjectifs déterminatifs, *ce, mon, quelque,* etc.

Devant tous les noms pluriels, *de les* se change en des ; *à les* se change en *aux*.

SINGULIER MASCULIN.

le Maître.
Maison *du* Maître, pour *de le* Maître.
Je plais *au* Maître, pour *à le* Maître.

PLURIEL MASCULIN.

les Maîtres.
Maison *des* Maîtres, pour *de les* Maîtres.
Je plais *aux* Maîtres, pour *à les* Maîtres.

PLURIEL FÉMININ.

les Maîtresses.
Maison *des* Maîtresses, pour *de les* Maîtresses.
Je plais *aux* Maîtresses, pour *à les* Maîtresses.

Ces mots : *du, au, des, aux*, prennent le nom d'articles *contractés*, parce que deux mots y sont en effet contractés, c'est-à-dire réunis en un seul.

On dit par opposition que *le, la, les* sont des *articles simples*.

CHAPITRE III.

L'ADJECTIF.

§ 7. L'ADJECTIF EN GÉNÉRAL; ADJECTIFS DÉTERMINATIFS.

L'ADJECTIF est un mot que l'on ajoute au nom pour marquer la qualité d'une personne ou d'une chose, comme *bon* père, *bonne* mère, *beau* livre, *belle* image, ou pour indiquer la manière dont nous le considérons, comme quand nous disons *le livre, ce livre, un livre, mon livre*.

L'adjectif qui détermine, comme dans ces derniers exemples, le sens précis dans lequel on prend un nom, s'appelle *adjectif déterminatif*.

Les adjectifs déterminatifs sont du masculin ou du féminin, du singulier ou du pluriel, selon le nom qu'ils déterminent.

Ils reçoivent aussi des noms différents, d'après leurs diverses significations.

Voici les plus usités :

§ 8. ADJECTIFS DÉMONSTRATIFS.

Il y a des adjectifs qui servent à montrer la chose dont on parle, comme quand je dis : *ce livre, cette table*, je montre un livre, une table ; on les appelle *adjectifs démonstratifs*.

Ce, cet, cette, ces. On met *ce* devant les noms singuliers masculins qui commencent par une consonne, ou une *h* aspirée : *ce village, ce hameau*.

On met *cet* devant les noms singuliers masculins qui commencent par une voyelle ou une *h* muette : *cet oiseau, cet homme*.

Cette se met devant tous les noms féminins singuliers : *cette armoire, cette montre, cette horloge*.

Ces se met devant tous les noms pluriels, soit masculins, soit féminins : *ces enfants, ces livres, ces plumes, ces histoires*.

§ 9. ADJECTIFS POSSESSIFS.

Il y a des adjectifs qui marquent la possession d'une chose, comme *mon livre, votre cheval, son chapeau* ; c'est-à-dire *le livre qui est à moi, le cheval qui est à vous, le chapeau qui est à lui* ; on les appelle *adjectifs possessifs*.

SINGULIER.		PLURIEL.
Masculin.	Féminin.	Des deux genres.
Mon.	Ma.	Mes.
Ton.	Ta.	Tes.
Son.	Sa.	Ses.
Notre.	Notre.	Nos.
Votre.	Votre.	Vos.
Leur.	Leur.	Leurs.

Ces adjectifs sont toujours joints à un nom : *mon livre*, *ton chapeau*.

Mon, ton, son, s'emploient au féminin devant une voyelle ou une *h* muette : on dit *mon âme* pour *ma âme*, *ton humeur* pour *ta humeur*, *son épée* pour *sa épée*.

Il y a d'autres adjectifs possessifs qui ne sont pas suivis d'un nom ; mais ils se rapportent au nom qui vient d'être exprimé, et sont ordinairement précédés de l'article *le, la, les. Ce cheval est le mien*, c'est-à-dire *est le cheval mien*; *voilà mon chapeau, et voici le vôtre*; c'est-à-dire *le chapeau vôtre*.

SINGULIER.		PLURIEL.	
Masculin.	Féminin.	Masculin.	Féminin.
Le Mien.	La Mienne.	Les Miens.	Les Miennes.
Le Tien.	La Tienne.	Les Tiens.	Les Tiennes.
Le Sien.	La Sienne.	Les Siens.	Les Siennes.

		Des deux genres.
Le Nôtre.	La Nôtre.	Les Nôtres.
Le Vôtre.	La Vôtre.	Les Vôtres.
Le Leur.	La Leur.	Les Leurs.

§ 10. ADJECTIFS INDÉFINIS.

Il y a des adjectifs dont la signification n'est pas aussi précise que celle des précédents ; on les appelle quelquefois *adjectifs indéfinis.* Par exemple :

Chaque, des deux genres, est toujours du singulier : *chaque jour, chaque année.*

Chacun (pour le masculin), *chacune* (pour le féminin), a le même sens que *chaque*; seulement, avec cet adjectif, on sous-entend le nom auquel il se rapporte : *ces ouvriers ont reçu cinq francs chacun.*

Quelque (singulier), *quelques* (pluriel), est des deux genres : *quelques hommes, quelques femmes.*

Quelqu'un, quelqu'une, quelques-uns, quelques-unes, a la même signification que *quelque*; seulement avec lui, on sous-entend le nom auquel il se rapporte : *est-il venu quelqu'un? voici des fleurs, j'en prendrai quelques-unes.*

Plusieurs, des deux genres et toujours du pluriel : *plusieurs arbres, plusieurs maisons.*

Tout, toute, tous, toutes; tout, masculin singulier : *tout homme; toute,* féminin singulier : *toute la terre; tous,* masculin pluriel : *tous les ans; toutes,* féminin pluriel : *toutes les femmes.*

Aucun, aucune, signifie *un seul. Aucun* s'emploie avec les noms masculins singuliers, *aucune* avec les noms féminins singuliers ; le pluriel *aucuns, aucunes,* est presque entièrement inusité.

Nul, nulle, nuls, nulles; c'est le même sens qu'*aucun* avec négation : *je n'en ai nulle envie.* Le pluriel est très-peu usité.

Autre, autres, pour les deux genres.

Même, mêmes, pour les deux genres ; il est opposé à *autre.*

§ 11. ADJECTIFS CONJONCTIFS.

Il y a des adjectifs qui joignent ensemble deux phrases, comme quand je dis : *c'est Dieu qui a créé le monde; donnez-moi le livre que vous lisez; qui* lie ensemble les deux phrases *c'est Dieu* et *a créé le monde ; que* unit les deux phrases *donnez-moi le livre* et *vous lisez ;* ces adjectifs s'appellent *adjectifs conjonctifs.*

Qui, que sont des deux genres et des deux nombres ; avec *qui* et *que*, le nom auquel ils se rapportent est placé devant, comme *Dieu, livre*, dans les phrases précédentes. Ce nom s'appelle alors l'*antécédent* de *qui* ou *que*.

Qui, que s'accordent avec leur antécédent en genre et en nombre : par exemple, si je dis *l'enfant qui joue*, *qui* est du singulier, parce que *l'enfant* est du singulier ; il est du *masculin*, si c'est un petit garçon qui joue ; il est du *féminin*, si c'est une petite fille.

Dont ou *de qui*, des deux genres et des deux nombres.

Quel, quelle, quels, quelles : dites-moi *quel livre vous voulez, quelle heure il est, quels hommes vous avez rencontrés.*

Qui, que, quel, se prennent interrogativement : *qui a fait cela ? que vous dirai-je ? quelle heure est-il ?*

Qui ou *que* est interrogatif quand il n'a point d'antécédent, et qu'on peut le tourner par *quelle personne* ou *quelle chose*. Dans les deux exemples ci-dessus, on peut dire : *quelle personne a fait cela ? quelle chose vous dirai-je ?*

Lequel, laquelle, lesquels, lesquelles. Cet adjectif est formé de l'adjectif *quel* et de l'article *le, la, les*, placé devant lui : *la maison à laquelle cette avenue conduit.*

Il se prend aussi dans le sens interrogatif : *auquel des deux donnerez-vous cette récompense ?*

§ 12. ADJECTIFS NUMÉRAUX.

Il y a des adjectifs qui servent pour compter ; on les appelle *adjectifs numéraux* ou *noms de nombre*.

On distingue les *adjectifs de nombre cardinaux* et les *adjectifs de nombre ordinaux*.

Les *cardinaux* expriment le nombre absolu ; ce sont : *un, une, deux, trois, quatre, cinq, six, sept, huit, neuf, dix, onze, douze, treize, quatorze, quinze, seize, dix-sept, dix-huit, dix-neuf, vingt, trente, quarante, cinquante, soixante, quatre-vingts, cent, mille*, etc.

Cent, au pluriel, et *vingt* dans *quatre-vingts, six-vingts*, prennent une *s* quand ils sont seuls ou suivis d'un nom. Exemples : *deux cents hommes; nous étions trois cents ; quatre-vingts volumes, six-vingts arbres, les Quinze-Vingts.*

Cent et *vingt* sont invariables quand ils sont suivis d'un autre adjectif de nombre : *deux cent trente, quatre-vingt-dix.*

Pour la date des années, on écrit *mil* au lieu de *mille*. Exemple : *le froid fut très-grand en mil sept cent neuf.* Partout ailleurs on écrit *mille*, et ce mot ne prend jamais *s* au pluriel : *deux mille hommes.*

Les adjectifs de nombre *ordinaux* marquent l'ordre ou le rang. Ils se forment des cardinaux. Ces adjectifs sont : *unième, deuxième, troisième, quatrième, cinquième, sixième, septième, huitième, neuvième, dixième*, etc.

Unième n'est usité que pour les noms de nombre composés : *vingt et unième, trente et unième*, etc. Autrement, on dit *premier, première : Adam a été le premier homme, Ève la première femme.*

Au lieu de *deuxième*, on dit *second, seconde* (que l'on prononce *segond*) : *le premier ou le second livre.*

§ 13. ADJECTIFS QUALIFICATIFS. — PLURIEL.

Les *adjectifs qualificatifs* sont ceux qui marquent

précisément la qualité des personnes ou des choses, comme *bon père*, *grand jardin*.

On connaît qu'un mot est adjectif quand on peut y joindre les mots *personne* ou *chose* : ainsi *habile*, *agréable*, sont des adjectifs, parce qu'on peut dire *personne habile*, *chose agréable*.

Les adjectifs ont les deux nombres, le *singulier* et le *pluriel*, comme les noms. Cette différence se marque par la *terminaison*, c'est-à-dire par les dernières lettres.

Le pluriel dans les adjectifs se forme comme dans les noms, en ajoutant *s* à la fin : *bon*, *bonne*; au pluriel, *bons*, *bonnes*, etc.

Les adjectifs terminés en *al* et en *au* font le pluriel en *aux*, comme les noms : *égal*, *égaux*; *beau*, *beaux*.

Mais beaucoup d'adjectifs qui finissent par *al* n'ont pas de pluriel masculin, comme *filial*, *fatal*, *frugal*, *pascal*, *pastoral*, *naval*, *trivial*, *vénal*, *littéral*, etc.

§ 14. GENRES DANS LES ADJECTIFS.

Les adjectifs ont les deux genres, *masculin* et *féminin*. Cette différence de genres, comme celle des nombres, se marque par la terminaison.

Quand un adjectif ne finit point par un *e* muet, on y ajoute un *e* muet pour former le féminin : *prudent*, *prudente*; *saint*, *sainte*; *méchant*, *méchante*; *petit*, *petite*; *grand*, *grande*; *poli*, *polie*; *vrai*, *vraie*; *nu*, *nue*, etc.

EXCEPTIONS. 1°. Les adjectifs suivants, *cruel*, *pareil*, *ancien*, *bon*, *gras*, *gros*, *nul*, *net*, *sot*, *épais*, etc., doublent au féminin leur dernière consonne avec l'*e* muet : *cruelle*, *pareille*, *ancienne*, *bonne*, *grasse*, *grosse*, *nulle*, *nette*, *sotte*, *épaisse*, etc.

Beau et *nouveau* font au féminin *belle*, *nouvelle*,

parce qu'au masculin on dit aussi *bel*, *nouvel*, devant une voyelle ou une *h* muette : *bel oiseau*, *bel homme*, *nouvel appartement*.

Fou et *mou* font *folle*, *molle*, parce qu'on écrivait autrefois *fol*, *mol*.

2°. *Blanc*, *franc*, *sec*, *frais*, font au féminin *blanche*, *franche*, *sèche*, *fraîche*.

Public, *caduc*, font *publique*, *caduque*.

3°. Les adjectifs *bref*, *naïf*, font au féminin *brève*, *naïve*, en changeant *f* en *ve*; *long* fait *longue*.

4°. *Malin*, *bénin*, font *maligne*, *bénigne*.

5°. Les adjectifs en *eur* font ordinairement leur féminin en *euse* : *trompeur*, *trompeuse*; *parleur*, *parleuse*; *chanteur*, *chanteuse*; cependant *pécheur* fait *pécheresse*; *acteur* fait *actrice*; *protecteur* fait *protectrice*.

6°. Les adjectifs terminés en *x* changent l'*x* en *se* : *dangereux*, *dangereuse*; *honteux*, *honteuse*; *jaloux*, *jalouse*, etc. Cependant *doux* fait *douce*; *roux* fait *rousse*.

§ 15. ACCORD DE L'ADJECTIF AVEC LE NOM.

Tout adjectif doit être du même genre et du même nombre que le nom auquel il se rapporte. Exemples : *Le bon père*, *la bonne mère*; *bon* est au masculin et au singulier, parce que *père* est du masculin et du singulier; *bonne* est au féminin et au singulier, parce que *mère* est du féminin et du singulier. — *De beaux jardins*, *de belles fleurs*; *beaux* est au masculin et au pluriel, parce que *jardins* est du masculin et du pluriel, etc.

Quand un adjectif se rapporte à deux noms singuliers, on met cet adjectif au pluriel, parce que deux singuliers valent un pluriel. Exemple : *Le roi et le berger sont égaux après la mort* (et non pas *égal*).

Si les deux noms sont de différents genres, on met l'adjectif au masculin. Exemple : *Mon père et ma mère sont contents* (et non pas *contentes*).

Quant à la place des adjectifs, il y en a qui se mettent devant le nom, comme *beau jardin*, *grand arbre*, etc. D'autres se mettent après le nom, comme *habit rouge*, *table ronde*, etc. L'usage est le seul guide à cet égard.

Parmi les adjectifs qui se placent devant le nom, trois ou quatre, comme *demi*, *nu*, *sauf*, restent invariables.

On dit *une demi-heure*, *une demi-livre*; ce mot *demi* ne change pas quand il est devant le nom; mais dites *une heure et demie*, *une livre et demie* : quand le mot *demi* est après le nom, il en prend le genre.

§ 16. COMPLÉMENTS DES ADJECTIFS.

Pour joindre un nom à un adjectif précédent, on met *de*, *à*, ou une autre préposition, entre cet adjectif et le nom : alors on appelle ce nom le *complément* de l'adjectif. Exemple : *Digne de récompense*, *content de son sort*, *utile à l'homme*, *semblable à son père*, *propre à la guerre*. *Récompense* est le complément de l'adjectif *digne*, parce qu'il est joint à cet adjectif par le mot *de*. L'*homme* est le complément de l'adjectif *utile*, parce qu'il est joint à cet adjectif par le mot *à*.

Au lieu de *complément* on disait autrefois *régime*, parce que l'adjectif *régit* son complément avec telle ou telle préposition, c'est-à-dire exige qu'on mette cette préposition devant lui.

La manière d'accorder un mot avec un autre mot, ou de faire régir un mot par un autre mot, s'appelle la *syntaxe* : ainsi, la *syntaxe* est la manière de joindre les mots ensemble.

Il y a deux sortes de syntaxe : la *syntaxe d'accord* ou de *concordance*, par laquelle on fait accorder deux mots en genre, en nombre, etc. ; la *syntaxe de régime* ou de *détermination*, par laquelle un mot régit un autre mot.

§ 17. DEGRÉS DE SIGNIFICATION DES ADJECTIFS.

On distingue dans les adjectifs trois degrés de signification : le *positif*, le *comparatif* et le *superlatif*.

Le positif n'est autre chose que l'adjectif même ; comme *beau*, *belle*, *agréable*.

Le comparatif, c'est l'adjectif avec comparaison : quand on compare deux choses, on trouve que l'une est supérieure à l'autre, ou inférieure à l'autre, ou égale à l'autre.

Pour marquer un comparatif de *supériorité*, on met *plus* devant l'adjectif, comme *la rose est plus belle que la violette*.

Pour marquer un comparatif d'*infériorité*, on met *moins* devant l'adjectif, comme *la violette est moins belle que la rose*.

Pour marquer un comparatif d'*égalité*, on met *aussi* devant l'adjectif, comme *la rose est aussi belle que la tulipe*.

Le mot *que* sert à joindre les deux choses que l'on compare.

Nous avons trois adjectifs qui expriment seuls une comparaison : *meilleur*, au lieu de plus bon, qui ne se dit pas ; *moindre*, au lieu de *plus petit*; *pire*, au lieu de *plus mauvais* : comme *la vertu est meilleure que la science; le mensonge est pire que l'indocilité*.

L'adjectif est au superlatif quand il exprime la qualité dans un très-haut degré, ou dans le plus haut degré.

Pour former le superlatif, on met *très*, *fort*, *extrêmement*, devant l'adjectif, comme *Paris est une très-belle ville*; et alors le superlatif s'appelle *absolu*.

On met aussi *le plus*, *la plus*, *les plus*, *le moins*; *la moins*, *les moins*, devant l'adjectif, comme *Paris est la plus belle des villes*; *cet enfant est le moins avancé des élèves*; et ce superlatif s'appelle *relatif*, parce qu'il marque un rapport de Paris aux autres villes, de l'enfant aux autres élèves.

CHAPITRE IV.

LE PRONOM.

§ 18. DÉFINITION; PRONOMS DES DEUX PREMIÈRES PERSONNES.

Les PRONOMS sont des mots qui désignent les personnes grammaticales.

On entend par *personne*, en terme de grammaire, le rôle qu'un mot joue dans le discours.

Il y a trois personnes : la *première* est celle qui parle, comme *je*, *nous*; la *seconde* est celle à qui l'on parle, comme *tu*, *vous*; la *troisième* est celle de qui l'on parle, comme *il*, *elle*, *lui*.

Première personne. Le pronom est des deux genres : masculin, si c'est un homme qui parle; féminin, si c'est une femme.

SINGULIER.	PLURIEL.
Je.	Nous.
Moi.	
Me.	

Me se place devant les verbes et se dit pour *à moi*, *moi*. Exemples : *Le maître me donnera un livre*, c'est-à-dire *donnera à moi; le maître me regarde*, c'est-à-dire *regarde moi.*

Seconde personne. Le pronom est aussi des deux genres : masculin, si c'est à un homme qu'on parle ; féminin, si c'est à une femme.

SINGULIER.	PLURIEL.
Tu.	Vous.
Toi.	
Te.	

Te se place devant les verbes, et se dit pour *à toi*, *toi*. Exemples : *Le maître te donnera un livre*, c'est-à-dire *donnera à toi; le maître te regarde*, c'est-à-dire *regarde toi.*

Par politesse, on dit *vous* au lieu de *tu* au singulier à une personne avec qui on n'est pas familier. Par exemple, en parlant à un enfant : *Vous êtes bien aimable.*

§ 19. PRONOMS DE LA TROISIÈME PERSONNE.

Il y a deux pronoms de la troisième personne : le pronom direct, *il*, *elle*, *ils*, *elles*, et le pronom réfléchi, *se*, *soi*.

Voyons d'abord le pronom direct :

SING. MASC.	SING. FÉMININ.	PL. MASC.	PL. FÉMININ.
Il.	Elle.	Ils.	Elles.
Lui.	Elle.	Eux.	Elles.
Le, lui.	La, lui.	Les, leur.	Les, leur.

Il, *elle*, *il*, *elle*, se placent devant les verbes dont ils sont sujets : *il dessine*, *elle chante; ils partent*, *elles reviennent.*

Lui, *elle*, *eux*, *elles*, peuvent être compléments de prépositions : *avec lui*, *pour elle*, *contre eux.*

Lui devant les verbes est des deux genres, et se dit pour *à lui*, *à elle*. Exemple : *Je lui dois le respect,* c'est-à-dire *je dois à lui, à elle.*

Le devant un verbe est masculin, et se dit pour *lui;* *la* devant un verbe est féminin, et se dit pour *elle.* Exemples : *Je le connais*, c'est-à-dire *je connais lui; Je la connais*, c'est-à-dire *je connais elle.*

Leur devant les verbes est des deux genres, et se dit pour *à eux, à elles*. Exemple : *Je leur dois le respect,* c'est-à-dire *je dois à eux, à elles.*

Les devant les verbes est aussi des deux genres, et se dit pour *eux, elles*. Exemple : *Je les connais*, c'est-à-dire *je connais eux, elles.*

L'autre pronom de la troisième personne, *soi, se,* est des deux genres et des deux nombres : *il ou elle se plaint, ils ou elles se plaignent; chacun pense à soi.*

On l'appelle *pronom réfléchi,* parce qu'il marque le rapport d'une personne à elle-même.

Se devant les verbes se met pour *à soi, soi*. Exemple : *Il, elle se donne des louanges*, c'est-à-dire *il, elle donne à soi; il, elle se flatte*, c'est-à-dire *il, elle flatte soi.*

On n'emploie le pronom *soi* qu'après un sujet vague et indéterminé, comme *on, chacun, ce*, etc. Exemples : *On ne doit jamais parler de soi; chacun songe à soi; n'aimer que soi, c'est être mauvais citoyen.*

§ 20. PRONOMS DÉMONSTRATIFS.

Celui, celle, ceux, celles. L'adjectif démonstratif, réuni avec le pronom *lui, elle, eux, elles*, a formé le pronom démonstratif *celui, celle, ceux, celles.*

Ce pronom ne s'emploie jamais seul ; il doit toujours être déterminé par la préposition *de*, ou les adjectifs conjonctifs *qui, que, dont*. Exemple : *Cette maison es celle de mon père; ceux qui ont vécu avant nous.*

Celui forme avec les mots *ci* et *là* les composés *celui-ci*, *celle-ci*, *ceux-ci*, *celles-ci*, ét *celui-là*, *celle-là*, *ceux-là*, *celles-là*, qui s'emploient bien seuls et sans aucun mot qui les détermine.

Celui-ci, *celle-ci*, s'emploient pour désigner les personnes ou les choses qui sont proches ; *celui-là*, *celle-là*, pour indiquer les personnes ou les choses éloignées.

Quand deux personnes ou deux choses viennent d'être nommées dans le discours, on emploie *celui-ci* pour celle dont on a parlé en dernier lieu ; *celui-là*, pour celle dont on a parlé en premier lieu. Exemple : Les deux philosophes *Héraclite et Démocrite* étaient d'un caractère bien différent : *celui-ci* riait toujours, *celui-là* pleurait sans cesse.

§ 21. RÈGLES DES PRONOMS.

Les pronoms doivent toujours être du même genre et du même nombre que le nom auquel ils se rapportent. Un homme dira *je suis heureux*, et une femme *je suis heureuse*.

On dira à un petit garçon *tu es content*, et à une petite fille, *tu es contente*.

De même, à la troisième personne, en parlant de la tête, dites : *elle me fait mal* ; *elle*, parce que ce pronom se rapporte à *tête*, qui est du féminin et au singulier ; et en parlant de plusieurs jardins, dites : *ils sont beaux* ; *ils*, parce que ce pronom se rapporte à *jardins*, qui est du masculin et au pluriel.

Il y a trois mots, *en*, *y* et *le* masculin invariable, que l'on classe quelquefois parmi les pronoms de la troisième personne, parce qu'ils ont une signification qui s'en rapproche et se mettent comme eux devant les verbes ; mais ils ne se rapportent souvent à aucun nom précédent, ne s'accordent pas avec lui, et rappellent quelquefois soit un adjectif, soit un verbe, soit une proposition entière.

En signifie *de cela, de lui, d'elle, d'eux, d'elles;* ainsi quand on dit *j'en parle*, on peut entendre *je parle de lui, d'elle, de cela*, etc., selon la personne ou la chose dont le nom a été exprimé auparavant.

Y signifie *à cette chose, à ces choses, à ou en ce lieu*, comme quand on dit *je m'y applique*, c'est-à-dire *je m'applique à cette chose, à ces choses; vous venez de Paris et j'y vais*, c'est-à-dire *je vais en ce lieu*.

Le signifie *ceci, cela, cette chose*. Exemple : *J'ai été enrhumé, je le suis encore*, c'est-à-dire *je suis encore cela* (enrhumé); *votre cousin est-il parti? Je le crois*, c'est-à-dire *je crois cela* (qu'il est parti).

Ces mots ne sont donc pas toujours des pronoms; ce sont des *mots relatifs*, puisqu'ils se rapportent toujours à quelque chose qui a été exprimé auparavant; et des *mots relatifs invariables*, puisqu'ils sont toujours du singulier et du masculin, où ne prennent ni genre ni nombre.

CHAPITRE V.

LE VERBE.

§ 22. DÉFINITIONS; PERSONNES; NOMBRES.

Le VERBE est un mot qui exprime qu'une qualité est contenue dans un sujet. Si je dis : *Dieu est bon, est* fait entendre que la qualité *bon* est contenue dans le sujet *Dieu*. Si je dis : *je suis content, suis* veut dire que la qualité *content* se trouve dans le sujet *je*, et ainsi de suite.

L'expression de cette pensée est ce qu'on appelle une *proposition*.

La plus petite proposition doit avoir au moins trois mots, le sujet, le verbe et la qualité, comme *Dieu est bon*, ou deux, si le verbe et la qualité sont réunis en un seul, comme *je chante, vous lisez, cet homme meurt*, pour *je suis chantant, vous êtes lisant, cet homme est mourant*.

Le verbe qui indique simplement l'existence de la qualité, sans dire quelle est cette qualité, est le verbe *être*; c'est pourquoi on l'appelle *verbe abstrait*.

Les autres verbes, comme *je lis*, c'est-à-dire *je suis lisant; tu dormais*, c'est-à-dire *tu étais dormant*, sont tous appelés *attributifs*, parce qu'ils expriment de plus la qualité qu'on attribue au sujet.

On connaît un verbe en français quand on peut y ajouter les pronoms personnels *je, tu, il, nous, vous, ils;* comme *je lis, tu lis, il lit, nous lisons*, etc.

Les pronoms *je, nous*, marquent la première personne, c'est-à-dire celle qui parle.

Tu, vous, marquent la seconde personne, c'est-à-dire celle à qui l'on parle.

Il, elle, ils, elles, et tout nom placé devant un verbe, marquent la troisième personne, c'est-à-dire celle de qui l'on parle.

Il y a dans les verbes deux nombres : le *singulier*, quand on parle d'une seule personne, comme *je lis, l'enfant dort*; le *pluriel*, quand on parle de plusieurs personnes, comme *nous lisons, les enfants dorment*.

§ 23. TEMPS.

Il y a trois temps principaux : le *présent*, qui marque que la chose est ou se fait actuellement, comme *je lis*; le *passé* ou *prétérit*, qui marque que la chose a été faite, comme *j'ai lu;* le *futur,* qui marque que la chose sera ou se fera, comme *je lirai.*

On distingue plusieurs prétérits ou passés, savoir : un *parfait,* comme *j'ai été, j'ai lu;* un *imparfait,* comme *j'étais, je lisais;* un *plus-que-parfait,* comme *j'avais été, j'avais lu;* un *prétérit simple,* comme *je fus, je lus;* un *prétérit antérieur,* comme *j'eus été, j'eus lu.*

On distingue aussi deux futurs : le *futur simple, je lirai;* et le *futur passé, j'aurai lu.*

§ 24. MODES.

Il y a six modes ou manières de signifier dans les verbes français.

1°. L'*indicatif,* quand on affirme que la chose est, ou qu'elle a été, ou qu'elle sera. Exemple : *Cet enfant est sage.*

2°. Le *conditionnel,* quand on dit qu'une chose serait ou qu'elle aurait été, moyennant une condition. Exemple : *Cet enfant serait mieux placé s'il travaillait davantage.*

3°. L'*impératif,* quand on commande qu'une chose soit. Exemple : *Soyez attentifs.*

4°. Le *subjonctif,* quand on souhaite ou qu'on doute qu'une chose soit ou se fasse. Exemple : *Je désire que cet enfant soit studieux.*

5°. L'*infinitif,* qui exprime l'état ou l'action en général, sans nombre ni personne, comme *lire, être.* Exemple : *Il est utile de lire; je veux dormir; étudier est son unique plaisir.*

On voit que l'infinitif est un véritable nom dans le verbe; qu'il peut être sujet de phrase et complément de verbe ou de préposition.

6°. Le *participe,* qui exprime l'idée du verbe en l'appliquant à une personne ou à une chose. Exemple : *Un*

2

homme lisant, *une femme chantant;* c'est un véritable adjectif dans le verbe.

Réciter de suite les différents modes d'un verbe avec tous leurs temps, leurs nombres et leurs personnes, cela s'appelle *conjuguer.*

§ 25. VERBES AUXILIAIRES. — CONJUGAISON DU VERBE *Avoir*

Il y a deux verbes que l'on nomme *auxiliaires*, parce qu'ils aident à conjuguer tous les autres : c'est le verbe *Avoir* et le verbe *Être.*

Voici d'abord le verbe *Avoir.*

INDICATIF.

PRÉSENT.

J'ai.
Tu as.
Il, elle a.
Nous avons.
Vous avez.
Ils, elles ont.

IMPARFAIT.

J'avais.
Tu avais.
Il, elle avait.
Nous avions.
Vous aviez.
Ils, elles avaient.

PRÉTÉRIT SIMPLE.

J'eus.
Tu eus.
Il, elle eut.
Nous eûmes.
Vous eûtes.
Ils, elles eurent.

PARFAIT.

J'ai eu.
Tu as eu.

Il, elle a eu.
Nous avons eu.
Vous avez eu.
Ils, elles ont eu.

PRÉTÉRIT ANTÉRIEUR.

J'eus eu.
Tu eus eu.
Il, elle eut eu.
Nous eûmes eu.
Vous eûtes eu.
Ils, elles eurent eu.

PLUS-QUE-PARFAIT.

J'avais eu.
Tu avais eu.
Il, elle avait eu.
Nous avions eu.
Vous aviez eu.
Ils, elles avaient eu.

FUTUR.

J'aurai.
Tu auras.
Il, elle aura.
Nous aurons.
Vous aurez.
Ils, elles auront.

FUTUR PASSÉ.

J'aurai eu.
Tu auras eu.
Il, elle aura eu.
Nous aurons eu.
Vous aurez eu.
Ils, elles auront eu.

CONDITIONNEL.

PRÉSENT.

J'aurais.
Tu aurais.
Il, elle aurait.
Nous aurions.
Vous auriez.
Ils, elles auraient.

PASSÉ.

J'aurais eu.
Tu aurais eu.
Il, elle aurait eu.
Nous aurions eu.
Vous auriez eu.
Ils, elles auraient eu.

On dit aussi : *J'eusse eu, tu eusses eu, il ou elle eût eu, nous eussions eu, vous eussiez eu, ils ou elles eussent eu.*

IMPÉRATIF.

Point de première personne.

Aie.
Qu'il *ou* elle ait.
Ayons.
Ayez.
Qu'ils *ou* elles aient.

SUBJONCTIF.

PRÉSENT.

Que j'aie.
Que tu aies.

Qu'il *ou* elle ait.
Que nous ayons.
Que vous ayez.
Qu'ils *ou* elles aient.

IMPARFAIT

Que j'eusse.
Que tu eusses.
Qu'il *ou* elle eût.
Que nous eussions.
Que vous eussiez.
Qu'ils *ou* elles eussent.

PARFAIT.

Que j'aie eu.
Que tu aies eu.
Qu'il *ou* elle ait eu.
Que nous ayons eu.
Que vous ayez eu.
Qu'ils *ou* elles aient eu.

PLUS-QUE-PARFAIT.

Que j'eusse eu.
Que tu eusses eu.
Qu'il *ou* elle eût eu.
Que nous eussions eu.
Que vous eussiez eu.
Qu'ils *ou* elles eussent eu.

INFINITIF.

PRÉSENT.

Avoir.

PARFAIT.

Avoir eu.

PARTICIPE.

PRÉSENT.

Ayant.

PASSÉ.

Eu, eue, ayant eu.

FUTUR.

Devant avoir.

§ 26. VERBE AUXILIAIRE *Être.*

INDICATIF.

PRÉSENT.

Je suis.
Tu es.
Il, elle est.
Nous sommes.
Vous êtes.
Ils, elles sont.

IMPARFAIT.

J'étais.
Tu étais.
Il, elle était.
Nous étions.
Vous étiez.
Ils, elles étaient.

PRÉTÉRIT SIMPLE.

Je fus.
Tu fus.
Il, elle fût.
Nous fûmes.
Vous fûtes.
Ils, elles furent.

PARFAIT.

J'ai été.
Tu as été.
Il, elle a été.
Nous avons été.
Vous avez été.
Ils, elles ont été.

PRÉTÉRIT ANTÉRIEUR.

J'eus été.
Tu eus été.
Il, elle eut été.
Nous eûmes été.
Vous eûtes été.
Ils, elles eurent été.

PLUS-QUE-PARFAIT.

J'avais été.

Tu avais été.
Il, elle avait été.
Nous avions été.
Vous aviez été.
Ils, elles avaient été.

FUTUR.

Je serai.
Tu seras.
Il, elle sera.
Nous serons.
Vous serez.
Ils, elles seront.

FUTUR PASSÉ.

J'aurai été.
Tu auras été.
Il, elle aura été.
Nous aurons été.
Vous aurez été.
Ils, elles auront été.

CONDITIONNEL.

PRÉSENT.

Je serais.
Tu serais.
Il, elle serait.
Nous serions.
Vous seriez.
Ils, elles seraient.

PASSÉ.

J'aurais été.
Tu aurais été.
Il, elle aurait été.
Nous aurions été.
Vous auriez été.
Ils, elles auraient été.

On dit aussi : *J'eusse été, tu eusses été, il* ou *elle eût été, nous eussions été, vous eussiez été, ils* ou *elles eussent été.*

IMPÉRATIF.

Point de première personne.

Sois.
Qu'il *ou* elle soit.
Soyons.
Soyez.
Qu'ils *ou* elles soient.

SUBJONCTIF.

PRÉSENT.

Que je sois.
Que tu sois.
Qu'il *ou* elle soit.
Que nous soyons.
Que vous soyez.
Qu'ils *ou* elles soient.

IMPARFAIT.

Que je fusse.
Que tu fusses.
Qu'il *ou* elle fût.
Que nous fussions.
Que vous fussiez.
Qu'ils *ou* elles fussent.

PARFAIT.

Que j'aie été.
Que tu aies été.

Qu'il *ou* elle ait été.
Que nous ayons été.
Que vous ayez été.
Qu'ils *ou* elles aient été.

PLUS-QUE-PARFAIT.

Que j'eusse été.
Que tu eusses été.
Qu'il *ou* elle eût été.
Que nous eussions été.
Que vous eussiez été.
Qu'ils *ou* elles eussent été.

INFINITIF.

PRÉSENT.

Être.

PARFAIT.

Avoir été.

PARTICIPE.

PRÉSENT.

Étant.

PASSÉ.

Été, ayant été.

FUTUR.

Devant être.

§ 27. LES QUATRE CONJUGAISONS.

On a partagé tous les verbes français en groupes qu'on appelle *conjugaisons.*

Il y a en français quatre conjugaisons différentes, que l'on distingue par la terminaison de l'infinitif.

La première conjugaison a l'infinitif terminé en *er*, comme *aimer, chanter.*

La seconde a l'infinitif terminé en *ir*, comme *finir, sentir, dormir.*

La troisième a l'infinitif terminé en *oir*, comme *recevoir, devoir.*

La quatrième à l'infinitif terminé en *re*, comme *rendre*, *plaire*.

Voici des modèles de ces quatre conjugaisons :

§ 28. PREMIÈRE CONJUGAISON. — L'INFINITIF EST TERMINÉ EN *er*.

INDICATIF.

PRÉSENT.

J'aime.
Tu aimes.
Il, elle aime.
Nous aimons.
Vous aimez.
Ils, elles aiment.

IMPARFAIT.

J'aimais.
Tu aimais.
Il, elle aimait.
Nous aimions.
Vous aimiez.
Ils, elles aimaient.

PRÉTÉRIT SIMPLE.

J'aimai.
Tu aimas.
Il, elle aima.
Nous aimâmes.
Vous aimâtes.
Ils, elles aimèrent.

PARFAIT.

J'ai aimé.
Tu as aimé.
Il, elle a aimé.
Nous avons aimé.
Vous avez aimé.
Ils, elles ont aimé.

PRÉTÉRIT ANTÉRIEUR.

J'eus aimé.
Tu eus aimé.
Il, elle eut aimé.
Nous eûmes aimé.
Vous eûtes aimé.
Ils, elles eurent aimé[1].

PLUS—QUE—PARFAIT.

J'avais aimé.
Tu avais aimé.
Il, elle avait aimé.
Nous avions aimé.
Vous aviez aimé.
Ils, elles avaient aimé.

FUTUR.

J'aimerai.
Tu aimeras.
Il, elle aimera.
Nous aimerons.
Vous aimerez.
Ils, elles aimeront.

FUTUR PASSÉ.

J'aurai aimé.
Tu auras aimé.
Il, elle aura aimé.
Nous aurons aimé.
Vous aurez aimé.
Ils, elles auront aimé.

---

1. Il y a un quatrième prétérit dont on se sert rarement; le voici : *J'ai eu aimé, tu as eu aimé, il ou elle a eu aimé, nous avons eu aimé, vous avez eu aimé, ils ou elles ont eu aimé.*

CONDITIONNEL.

PRÉSENT.

J'aimerais.
Tu aimerais.
Il, elle aimerait.
Nous aimerions.
Vous aimeriez.
Ils, elles aimeraient.

PASSÉ.

J'aurais aimé.
Tu aurais aimé.
Il, elle aurait aimé.
Nous aurions aimé.
Vous auriez aimé.
Ils, elles auraient aimé.

On dit aussi : *J'eusse aimé,
tu eusses aimé, il ou elle eût
aimé, nous eussions aimé, vous
eussiez aimé, ils ou elles eussent aimé.*

IMPÉRATIF.

Point de première personne.

Aime.
Qu'il ou elle aime.
Aimons.
Aimez.
Qu'ils ou elles aiment.

SUBJONCTIF.

PRÉSENT.

Que j'aime.
Que tu aimes.
Qu'il ou elle aime.
Que nous aimions.
Que vous aimiez.
Qu'ils ou elles aiment.

IMPARFAIT.

Que j'aimasse.
Que tu aimasses.
Qu'il ou elle aimât.
Que nous aimassions.
Que vous aimassiez.
Qu'ils ou elles aimassent.

PARFAIT.

Que j'aie aimé.
Que tu aies aimé.
Qu'il ou elle ait aimé.
Que nous ayons aimé.
Que vous ayez aimé.
Qu'ils ou elles aient aimé.

PLUS-QUE-PARFAIT.

Que j'eusse aimé.
Que tu eusses aimé.
Qu'il ou elle eût aimé.
Que nous eussions aimé.
Que vous eussiez aimé.
Qu'ils ou elles eussent aimé.

INFINITIF.

PRÉSENT.

Aimer.

PARFAIT.

Avoir aimé.

PARTICIPE.

PRÉSENT.

Aimant.

PASSÉ.

Aimé, aimée, ayant aimé.

FUTUR.

Devant aimer.

Ainsi se conjuguent les verbes *chanter, danser,
manger, appeler,* et tous ceux dont l'infinitif se termine
en *er*.

§ 29. DEUXIÈME CONJUGAISON. — L'INFINITIF EST TERMINÉ EN *ir*.

INDICATIF.

PRÉSENT.

Je finis.
Tu finis.
Il, elle finit.
Nous finissons.
Vous finissez.
Ils, elles finissent.

IMPARFAIT.

Je finissais.
Tu finissais.
Il, elle finissait.
Nous finissions.
Vous finissiez.
Ils, elles finissaient.

PRÉTÉRIT SIMPLE.

Je finis.
Tu finis.
Il, elle finit.
Nous finîmes.
Vous finîtes.
Ils, elles finirent.

PARFAIT.

J'ai fini.
Tu as fini.
Il, elle a fini.
Nous avons fini.
Vous avez fini.
Ils, elles ont fini.

PRÉTÉRIT ANTÉRIEUR.

J'eus fini.
Tu eus fini.
Il, elle eut fini.
Nous eûmes fini.
Vous eûtes fini.
Ils, elles eurent fini [1].

PLUS-QUE-PARFAIT.

J'avais fini.
Tu avais fini.
Il, elle avait fini.
Nous avions fini.
Vous aviez fini.
Ils, elles avaient fini.

FUTUR.

Je finirai.
Tu finiras.
Il, elle finira.
Nous finirons.
Vous finirez.
Ils, elles finiront.

FUTUR PASSÉ.

J'aurai fini.
Tu auras fini.
Il, elle aura fini.
Nous aurons fini.
Vous aurez fini.
Ils, elles auront fini.

CONDITIONNEL.

PRÉSENT.

Je finirais.
Tu finirais.
Il, elle finirait.
Nous finirions.
Vous finiriez.
Ils, elles finiraient.

PARFAIT.

J'aurais fini.
Tu aurais fini.
Il, elle aurait fini.
Nous aurions fini.

---

1. Il y a un quatrième prétérit, mais on s'en sert rarement ; le voici : *J'ai eu fini, tu as eu fini, il ou elle a eu fini, nous avons eu fini, vous avez eu fini, ils ou elles ont eu fini.*

Vous auriez fini.
Ils, elles auraient fini.

On dit aussi : *J'eusse fini, tu eusses fini, il ou elle eût fini, nous eussions fini, vous eussiez fini, ils ou elles eussent fini.*

IMPÉRATIF.

Point de première personne.

Finis.
Qu'il *ou* elle finisse.
Finissons.
Finissez.
Qu'ils *ou* elles finissent.

SUBJONCTIF.

PRÉSENT.

Que je finisse.
Que tu finisses.
Qu'il *ou* elle finisse.
Que nous finissions.
Que vous finissiez.
Qu'ils *ou* elles finissent.

IMPARFAIT.

Que je finisse.
Que tu finisses.
Qu'il *ou* elle finît.
Que nous finissions.
Que vous finissiez.
Qu'ils *ou* elles finissent.

PARFAIT.

Que j'aie fini.
Que tu aies fini.
Qu'il *ou* elle ait fini.
Que nous ayons fini.
Que vous ayez fini.
Qu'ils *ou* elles aient fini.

PLUS-QUE-PARFAIT.

Que j'eusse fini.
Que tu eusses fini.
Qu'il *ou* elle eût fini.
Que nous eussions fini.
Que vous eussiez fini.
Qu'ils *ou* elles eussent fini.

INFINITIF.

PRÉSENT.

Finir.

PARFAIT.

Avoir fini.

PARTICIPE.

PRÉSENT.

Finissant.

PASSÉ.

Fini, finie, ayant fini.

FUTUR.

Devant finir.

Ainsi se conjuguent *avertir, guérir, ensevelir.*

§ 30. TROISIÈME CONJUGAISON. — L'INFINITIF EST TERMINÉ
EN *oir*.

INDICATIF.

PRÉSENT.

Je reçois.
Tu reçois.
Il, elle reçoit.
Nous recevons.

Vous recevez.
Ils, elles reçoivent.

IMPARFAIT.

Je recevais.
Tu recevais.
Il, elle recevait.

2.

Nous recevions.
Vous receviez.
Ils, elles recevaient.

PRÉTÉRIT SIMPLE.

Je reçus.
Tu reçus.
Il, elle reçut.
Nous reçûmes.
Vous reçûtes.
Ils, elles reçurent.

PARFAIT.

J'ai reçu.
Tu as reçu.
Il, elle a reçu.
Nous avons reçu.
Vous avez reçu.
Ils, elles ont reçu.

PRÉTÉRIT ANTÉRIEUR.

J'eus reçu.
Tu eus reçu.
Il, elle eut reçu.
Nous eûmes reçu.
Vous eûtes reçu.
Ils, elles eurent reçu [1].

PLUS-QUE-PARFAIT.

J'avais reçu.
Tu avais reçu.
Il, elle avait reçu.
Nous avions reçu.
Vous aviez reçu.
Ils, elles avaient reçu.

FUTUR.

Je recevrai.
Tu recevras.
Il, elle recevra.
Nous recevrons.
Vous recevrez.
Ils, elles recevront.

FUTUR PASSÉ.

J'aurai reçu.

Tu auras reçu.
Il, elle aura reçu.
Nous aurons reçu.
Vous aurez reçu.
Ils, elles auront reçu.

CONDITIONNEL.

PRÉSENT.

Je recevrais.
Tu recevrais.
Il, elle recevrait.
Nous recevrions.
Vous recevriez.
Ils, elles recevraient.

PASSÉ.

J'aurais reçu.
Tu aurais reçu.
Il, elle aurait reçu.
Nous aurions reçu.
Vous auriez reçu.
Ils, elles auraient reçu.

On dit aussi : *J'eusse reçu, tu eusses reçu, il ou elle eût reçu, nous eussions reçu, vous eussiez reçu, ils ou elles eussent reçu.*

IMPÉRATIF.

Point de première personne.

Reçois.
Qu'il *ou* elle reçoive.
Recevons.
Recevez.
Qu'ils *ou* elles reçoivent.

SUBJONCTIF.

PRÉSENT.

Que je reçoive.
Que tu reçoives.
Qu'il *ou* elle reçoive.
Que nous recevions.

---

1. Il y a un quatrième prétérit, mais on s'en sert rarement ; le voici : *J'ai eu reçu, tu as eu reçu, il ou elle a eu reçu, nous avons eu reçu, vous avez eu reçu, ils ou elles ont eu reçu.*

Que vous receviez.
Qu'ils *ou* elles reçoivent.

IMPARFAIT.

Que je reçusse.
Que tu reçusses.
Qu'il *ou* elle reçût.
Que nous reçussions.
Que vous reçussiez.
Qu'ils *ou* elles reçussent.

PARFAIT.

Que j'aie reçu.
Que tu aies reçu.
Qu'il *ou* elle ait reçu.
Que nous ayons reçu.
Que vous ayez reçu.
Qu'ils *ou* elles aient reçu.

PLUS-QUE-PARFAIT.

Que j'eusse reçu.
Que tu eusses reçu.

Qu'il *ou* elle eût reçu.
Que nous eussions reçu.
Que vous eussiez reçu.
Qu'ils *ou* elles eussent reçu.

INFINITIF.

PRÉSENT.

Recevoir.

PARFAIT.

Avoir reçu.

PARTICIPE.

PRÉSENT.

Recevant.

PASSÉ.

Reçu, reçue, ayant reçu.

FUTUR.

Devant recevoir.

Ainsi se conjuguent *apercevoir, concevoir, devoir, percevoir.*

§ 31. QUATRIÈME CONJUGAISON. — L'INFINITIF EST TERMINÉ EN *re*.

INDICATIF.

PRÉSENT.

Je rends.
Tu rends.
Il, elle rend.
Nous rendons.
Vous rendez.
Ils, elles rendent.

IMPARFAIT.

Je rendais.
Tu rendais.
Il, elle rendait.
Nous rendions.
Vous rendiez.
Ils, elles rendaient.

PRÉTÉRIT SIMPLE.

Je rendis.

Tu rendis.
Il, elle rendit.
Nous rendîmes.
Vous rendîtes.
Ils, elles rendirent.

PARFAIT.

J'ai rendu.
Tu as rendu.
Il, elle a rendu.
Nous avons rendu.
Vous avez rendu.
Ils, elles ont rendu.

PRÉTÉRIT ANTÉRIEUR.

J'eus rendu.
Tu eus rendu.
Il, elle eut rendu.
Nous eûmes rendu.

Vous eûtes rendu.
Ils, elles eurent rendu [1].

PLUS-QUE-PARFAIT.

J'avais rendu.
Tu avais rendu.
Il, elle avait rendu.
Nous avions rendu.
Vous aviez rendu.
Ils, elles avaient rendu.

FUTUR.

Je rendrai.
Tu rendras.
Il, elle rendra.
Nous rendrons.
Vous rendrez.
Ils, elles rendront.

FUTUR PASSÉ.

J'aurai rendu.
Tu auras rendu.
Il, elle aura rendu.
Nous aurons rendu.
Vous aurez rendu.
Ils, elles auront rendu.

CONDITIONNEL.

PRÉSENT.

Je rendrais.
Tu rendrais.
Il, elle rendrait.
Nous rendrions.
Vous rendriez.
Ils, elles rendraient.

PASSÉ.

J'aurais rendu.
Tu aurais rendu.
Il, elle aurait rendu.
Nous aurions rendu.
Vous auriez rendu.
Ils, elles auraient rendu.

On dit aussi : *J'eusse rendu,*

tu eusses rendu, il ou elle eût rendu, nous eussions rendu, vous eussiez rendu, ils ou elles eussent rendu.

IMPÉRATIF.

Point de première personne.

Rends.
Qu'il *ou* elle rende.
Rendons.
Rendez.
Qu'ils *ou* elles rendent.

SUBJONCTIF.

PRÉSENT.

Que je rende.
Que tu rendes.
Qu'il *ou* elle rende.
Que nous rendions.
Que vous rendiez.
Qu'ils *ou* elles rendent.

IMPARFAIT.

Que je rendisse.
Que tu rendisses.
Qu'il *ou* elle rendît.
Que nous rendissions.
Que vous rendissiez.
Qu'ils *ou* elles rendissent.

PARFAIT.

Que j'aie rendu.
Que tu aies rendu.
Qu'il *ou* elle ait rendu.
Que nous ayons rendu.
Que vous ayez rendu.
Qu'ils *ou* elles aient rendu.

PLUS-QUE-PARFAIT.

Que j'eusse rendu.
Que tu eusses rendu.
Qu'il *ou* elle eût rendu.
Que nous eussions rendu.

1. Il y a un quatrième prétérit, mais on s'en sert rarement; le voici : *J'ai eu rendu, tu as eu rendu, il ou elle a eu rendu, nous avons eu rendu, vous avez eu rendu, ils ou elles ont eu rendu.*

Que vous eussiez rendu.
Qu'ils *ou* elles eussent rendu.

INFINITIF.

PRÉSENT.

Rendre.

PARFAIT.

Avoir rendu.

PARTICIPE.

PRÉSENT.

Rendant.

PASSÉ.

Rendu, rendue, ayant rendu.

FUTUR.

Devant rendre.

Ainsi se conjuguent *attendre*, *entendre*, *suspendre*, *vendre*.

§ 32. FORMATION DES TEMPS.

On appelle *temps primitifs* d'un verbe ceux qui servent à former les autres temps dans les quatre conjugaisons.

Ces temps sont au nombre de cinq, savoir : 1° le présent de l'infinitif ; 2° le participe présent ; 3° le participe passé ; 4° le présent de l'indicatif ; 5° le prétérit de l'indicatif.

Voici ces temps pour quelques verbes.

Première conjugaison. *Aimer*, *aimant*, *aimé*, *j'aime*, *j'aimai*.

Deuxième conjugaison. *Finir*, *finissant*, *fini*, *je finis*, *je finis* ; *sentir*, *sentant*, *senti*, *je sens*, *je sentis* ; *ouvrir*, *ouvrant*, *ouvert*, *j'ouvre*, *j'ouvris* ; *tenir*, *tenant*, *tenu*, *je tiens*, *je tins*.

Troisième conjugaison. *Recevoir*, *recevant*, *reçu*, *je reçois*, *je reçus*.

Quatrième conjugaison. *Rendre*, *rendant*, *rendu*, *je rends*, *je rendis* ; *plaire*, *plaisant*, *plu*, *je plais*, *je plus* ; *paraître*, *paraissant*, *paru*, *je parais*, *je parus* ; *réduire*, *réduisant*, *réduit*, *je réduis*, *je réduisis* ; *plaindre*, *plaignant*, *plaint*, *je plains*, *je plaignis*.

On appelle *temps dérivés* ceux qui se forment des temps primitifs par le changement de la terminaison.

I. Du présent de l'infinitif on forme :

1°. Le futur de l'indicatif en changeant *r* ou *re* en *rai*. Exemples : *aimer, j'aimerai; finir, je finirai; rendre, je rendrai*. Dans les verbes en *er*, l'*e* qui précède l'*r* devient muet au futur : *j'aimerai*, et non pas *j'aimérai*. Dans les verbes en *oir*, on retranche ordinairement *oi* au futur : *recevoir, je recevrai; devoir, je devrai*.

2°. Du futur de l'indicatif on forme le conditionnel présent, en changeant *rai* en *rais*, sans exception : *j'aimerai*, conditionnel *j'aimerais; je finirai, je finirais; je recevrai, je recevrais; je rendrai, je rendrais*.

II. Du participe présent on forme :

1°. L'imparfait de l'indicatif, en changeant *ant* en *ais : aimant*, imparfait *j'aimais; finissant, je finissais; recevant, je recevais; rendant, je rendais*.

2°. Du même participe on forme les trois personnes plurielles du présent de l'indicatif, en changeant *ant* en *ons, ez, ent : aimant, nous aimons, vous aimez, ils aiment; finissant, nous finissons, vous finissez, ils finissent; recevant, nous recevons, vous recevez; rendant, nous rendons, vous rendez, ils rendent*.

3°. Du même participe présent on forme le présent du subjonctif, en changeant *ant* en *e* muet : *aimant, que j'aime; finissant, que je finisse; rendant, que je rende*.

Les verbes de la troisième conjugaison sont irréguliers pour le singulier de ce temps et la troisième personne plurielle, de même que pour celle du présent de l'indicatif.

III. Du participe passé variable, ou de la forme invariable qui y est toujours semblable, on tire tous les temps composés, en y joignant les temps des verbes auxiliaires *être* ou *avoir*, comme *j'ai aimé, j'ai fini, j'ai reçu, j'ai rendu, je suis tombé; j'avais aimé, j'avais fini, j'avais reçu, j'avais rendu, j'étais tombé; j'aurai aimé, j'aurai fini, j'aurai reçu, j'aurai rendu, je serai tombé; que j'eusse aimé, que j'eusse fini, que j'eusse reçu, que j'eusse rendu, que je fusse tombé*, etc.

IV. Du présent de l'indicatif on forme l'impératif, en ôtant seulement le pronom *je*. Exemples : *j'aime*, impératif *aime*; *je finis*, impératif *finis*; *je reçois*, impératif *reçois*; *je rends*, impératif *rends*.

V. Du prétérit de l'indicatif on forme l'imparfait du subjonctif, en changeant *ai* en *asse* pour la première conjugaison : *j'aimai*, imparfait du subjonctif *j'aimasse*; et en ajoutant seulement *se* pour les trois autres conjugaisons : *je finis, je finisse; je reçus, je reçusse; je rendis, je rendisse; je vins, je vinsse*. Il n'y a point d'exception.

§ 33. SUJET DES VERBES.

Le sujet du verbe, soit nom, soit pronom, se place ordinairement devant lui. Exemple : *Le soleil est levé, il est chaud.*

Le sujet se place toutefois après le verbe, 1° quand on interroge. Exemples : *Que penseront de vous les honnêtes gens, si vous n'êtes pas sage? Irai-je? Viendras-tu? Est-il arrivé?*

Quand le verbe qui précède *il, elle, on*, finit par une voyelle, on ajoute *t* devant *il, elle, on*. Exemples : *Appelle-t-il? Viendra-t-elle? Aime-t-on les paresseux?*

2°. Quand on rapporte les paroles de quelqu'un. Exemple : *Je me croirai heureux, disait un bon roi, quand je ferai le bonheur de mes sujets.*

3°. Après *tel, ainsi*. Exemples : *Tel était son avis. Ainsi mourut cet homme.*

On trouve facilement le sujet d'un verbe en mettant

qui est-ce qui devant le verbe. La réponse à cette question indique le sujet ; quand je dis . *L'enfant est sage ; qui est-ce qui est sage ?* Réponse, *l'enfant :* voilà le sujet du verbe *est. Le lièvre court ; qui est-ce qui court ?* Réponse , *le lièvre :* voilà le sujet du verbe *court.*

Tout verbe doit être du même nombre et de la même personne que son sujet. Exemple : *Je suis ; suis* est du nombre singulier et de la première personne, parce que *je ,* son sujet, est du singulier et de la première personne. *Vous avez tort tous deux : avez* est au nombre pluriel et de la seconde personne, parce que *vous ,* son sujet , est au nombre pluriel et de la seconde personne.

Quand un verbe a deux sujets singuliers, on met ce verbe au pluriel. Exemple : *Mon frère et ma sœur sont arrivés.*

Quand les deux sujets sont de différentes personnes, on met le verbe à la personne la plus avancée : la première est plus avancée que la seconde, la seconde est plus avancée que la troisième. Exemple : *Vous et moi nous étions heureux ; vous et votre frère vous avez eu le temps.*

REMARQUE. La politesse française veut qu'on nomme d'abord la personne à qui l'on parle, et qu'on se nomme le dernier.

§ 34. VERBES IRRÉGULIERS.

On appelle *irréguliers* les verbes dont les temps dérivés ne se forment pas des temps primitifs suivant la règle générale.

Plusieurs de ces verbes ne sont pas usités à certains temps et à certaines personnes ; on les appelle *défectifs,* c'est-à-dire *manquants.*

Dans quelques-uns, l'irrégularité tombe seulement

sur une personne : par exemple, *dire* fait *vous dites*, et non *vous disez* ; il est régulier partout ailleurs.

Dans d'autres, l'irrégularité tombe sur le temps entier ; ainsi, *aller* fait au futur j'*irai*, tu *iras*, il *ira*, etc.

Ces particularités sont indiquées dans la liste suivante.

Liste des principaux verbes irréguliers.

Absoudre, olvant, ous, j'absous. Point de prétérit ni d'imparfait du subjonctif. Le participe passé féminin est *absoute* ; le reste est régulier. — Voyez *Dissoudre*.

Acquérir, érant, is, j'acquiers, j'acquis ; INDIC. FUTUR, j'*acquerrai*. Le reste est régulier. — Conjuguez de même *conquérir, reconquérir, requérir* et *s'enquérir*.

Aller, allant, allé, je vais, j'allai ; INDIC. PRÉS., je *vais*, tu *vas*, il *va*, nous *allons*, vous *allez*, ils *vont* ; FUTUR, j'*irai*, etc. ; IMPÉR., *va* ; SUBJ. PRÉS., que j'*aille*, etc. Les temps composés se forment avec le participe *allé* et le verbe *être* : je *suis allé*, j'*étais allé*, etc.

Asseoir, asseyant, assis, j'assieds, j'assis ; INDIC. FUT. j'*assiéfrai* et j'*asseyerai*, etc. ; le reste est régulier. — Conjuguez de même *rasseoir*.

Avoir, ayant, eu, j'ai, j'eus. — Voyez sa conjugaison, p. 26.

Bénir, nissant, ni, je bénis, je bénis. Au participe passé on dit *bénit, bénite*, en parlant des cérémonies de l'église : du pain *bénit*, de l'eau *bénite*. Partout ailleurs c'est *béni*. Il est régulier.

Bruire ; INDIC. PRÉS., ils *bruyent* ; IMPARF., ils *bruyaient*. Le reste manque.

Choir ne s'emploie qu'à l'infinitif et au participe, *chu, chue*.

Clore, clos, je clos ; INDIC. PRÉS., je *clos*, tu *clos*, il *clôt*. Point de pluriel, d'imparfait ni de prétérit. FUTUR, je *clorai*, etc. ; IMPÉR., *clos*. Point de pluriel, point de subjonctif. Les temps composés j'*ai clos*, j'*avais clos*, etc., sont usités.

Courir, rant, ru, je cours, je courus ; INDIC. FUTUR, je *courrai*. Partout ailleurs il est régulier. — Conjuguez de même *accourir, concourir, discourir, encourir, parcourir, recourir* et *secourir*. — *Accourir* forme ses composés avec *avoir* et *être* : j'*ai accouru* et je *suis accouru*.

Cueillir, llant, lli, je cueille, je cueillis ; INDIC. FUTUR, je *cueillerai*. Le reste est régulier. — Conjuguez de même *accueillir* et *recueillir*.

Déchoir, déchu, ue, je *déchois*, je *déchus*; INDIC. PRÉS., je *déchois*, tu *déchois*, il *déchoit*, nous *déchoyons*, vous *déchoyez*, ils *déchoient*; FUTUR, je *décherrai*, etc.; SUBJ. PRÉS., que je *déchoie*, etc. Point d'imparfait de l'indicatif, d'impératif ni de participe présent.

Dire, disant, dit, je *dis*, je *dis*; INDIC. PRÉS., vous *dites*. Le reste est régulier. — Ses composés, excepté *redire*, sont réguliers, même à cette personne : vous me *contredisez*, vous vous *dédisez*. — *Maudire* fait nous *maudissons*, vous *maudissez*, — Voyez ce verbe, p. 43.

Dissoudre, olvant, ous, je *dissous*. Il n'a point de prétérit ni d'imparfait du subjonctif. Le participe passé féminin est *dissoute*; du reste, il est régulier.

Échoir, échéant, échu, ue; INDIC. PRÉS., il *échoit*, ou *échet*; PRÉTÉRIT SIMPLE, j'*échus*, etc.; FUTUR, j'*écherrai*, etc. Point d'imparfait à l'indicatif, ni de présent du subjonctif, ni d'impératif. Les temps composés se forment avec le verbe *être*.

Éclore, éclos, éclose; INDIC. PRÉS., il *éclôt*, ils *éclosent*; FUTUR, il *éclora*, ils *écloront*; CONDIT., il *éclorait*, ils *écloraient*; SUBJ. PRÉS., qu'il *éclose*, qu'ils *éclosent*. Le reste manque.

Envoyer, yant, yé, j'*envoie*, j'*envoyai*; INDIC. FUTUR, j'*enverrai*. Le reste est régulier. — Conjuguez de même *renvoyer*; mais *convoyer, dévoyer, fourvoyer, louvoyer*, font régulièrement je *convoierai*, etc.

Être, étant, été, je *suis*, je *fus*. — Voyez sa conjugaison, p. 28.

Faire, faisant, fait, je *fais*, je *fis*; INDIC. PRÉS., vous *faites*, ils *font*; FUTUR, je *ferai*, etc.; SUBJ. PRÉS., que je *fasse*, etc. Le reste est régulier. — Conjuguez de même *contrefaire, défaire, refaire, satisfaire, surfaire*. Les trois composés *forfaire, méfaire* et *parfaire*, se conjuguent aussi sur *faire*; mais ils ne sont pas usités à tous leurs temps.

Faillir, faillant, failli, je *faux*, je *faillis*; INDIC. FUTUR, je *faudrai*. Il est peu usité, si ce n'est aux temps composés.

Florir (inusité), *florissant*, je *florissais*, etc. Le reste manque.

Frire, frit, je *fris*. Ce verbe n'a pas de participe présent, ni de prétérit, non plus que les temps qui s'en forment.

Gésir, gisant ou *gissant*; INDIC. PRÉS., il *gît* (ci-gît), nous *gisons* ou *gissons*, vous *gisez* ou *gissez*, ils *gisent* ou *gissent*; IMPARF., je *gisais* ou *gissais*, etc. Le reste manque.

Luire, luisant, lui, je *luis*. Ce verbe est défectif du prétérit de l'indicatif et de l'imparfait du subjonctif; du reste, il est régulier.

Maudire, *dissant*, *dit*, je *maudis*, je *maudis*. Il est régulier, et n'est placé ici que parce qu'il s'écarte de son primitif *dire* au participe présent et dans les temps qui s'en forment.

Mourir, *ant*, *mort*, je *meurs*, je *mourus*; INDIC. PRÉS., ils *meurent*; FUTUR, je *mourrai*; SUBJ. PRÉS., que je *meure*. Le reste est régulier.

Ouïr, *oyant*, *ouï*, j'*ois*, j'*ouïs*. Il est régulier, mais peu en usage, si ce n'est à l'infinitif et aux temps composés d'*avoir*.

Paître, *paissant*, je *pais*, n'a que ces temps et ceux qui s'en forment. — Son composé *repaître* prend les deux auxiliaires : j'*ai repu* ou je *suis repu*. Il a aussi le prétérit, je *repus*.

Pourvoir, *pourvoyant*, *pourvu*, je *pourvois*, je *pourvus*; INDIC. FUTUR, je *pourvoirai*. Le reste est régulier.

Pouvoir, *pouvant*, *pu*, je *peux*, je *pus*; INDIC. PRÉS., je *peux* ou je *puis*; FUTUR, je *pourrai*, etc.; SUBJ. PRÉS., que je *puisse*. Point d'impératif. Le reste est régulier.

Prévoir, *prévoyant*, *prévu*, je *prévois*, je *prévis*; INDIC. FUTUR, je *prévoirai*. Le reste est régulier.

Quérir n'est usité qu'à l'infinitif.

Savoir, *sachant*, *su*, je *sais*, je *sus*; INDIC. PRÉS., nous *savons*, vous *savez*, ils *savent*; IMPARF., je *savais*, etc.; FUTUR, je *saurai*, etc.; IMPÉR., *sache*, *sachons*, *sachez*; SUBJ., que je *sache*. Le reste est régulier.

Soudre, n'est guère usité qu'à l'infinitif.

Surseoir, *sursoyant*, *sursis*, je *surseois*, je *sursis*; FUTUR, je *surseoirai*, etc. Le reste est régulier.

Tenir, *nant*, *nu*, je *tiens*, je *tins*; INDIC. PRÉS., ils *tiennent*; FUTUR, je *tiendrai*, etc.; SUBJ. PRÉS., que je *tienne* et qu'ils *tiennent*. Le reste est régulier. — Conjuguez de même *s'abstenir*, *appartenir*, *détenir*, *entretenir*, *maintenir*, *obtenir*, *retenir*, *soutenir*.

Traire, *trayant*, *trait*, je *trais*, n'a ni prétérit ni imparfait du subjonctif; du reste, il est régulier, ainsi que ses composés : *abstraire*, *distraire*, *extraire*, *rentraire*, *retraire* et *soustraire*. *Attraire* et *portraire* ne s'emploient guère qu'à l'infinitif.

Vaincre, *vainquant*, *vaincu*, je *vaincs*, je *vainquis*; IND. PRÉS., je *vaincs*, tu *vaincs*, il *vainc*. Le reste est régulier. — Conjuguez de même *convaincre*.

Valoir, *valant*, *valu*, je *vaux*, je *valus*; INDIC. FUTUR, je *vaudrai*, etc.; SUBJ. PRÉS., que je *vaille*, etc. Le reste est régulier. — Conjuguez de même *prévaloir*, excepté au subjonctif, où il fait que je *prévale*.

Venir, venant, venu, je *viens,* je *vins;* INDIC. PRÉS., ils *viennent;* FUTUR, je *viendrai,* etc.; SUBJ. PRÉS., que je *vienne,* que tu *viennes,* qu'il *vienne,* qu'ils *viennent.* — Les temps composés prennent l'auxiliaire *être* : je *suis venu.* — Conjuguez de même les composés : *circonvenir, contrevenir, convenir, devenir, disconvenir, intervenir, parvenir, prévenir, provenir, revenir, se souvenir,* se *ressouvenir, subvenir, survenir, advenir* et *mésavenir.* Ces deux derniers ne sont usités qu'à la troisième personne du singulier.

Voir, voyant, vu, je *vois,* je *vis;* INDIC. FUTUR, je *verrai,* etc. Le reste est régulier. — Conjuguez de même *entrevoir* et *revoir. Pourvoir* et *prévoir* font au futur je *pourvoirai* et je *prévoirai; pourvoir* fait au prétérit je *pourvus,* et à l'imparfait du subjonctif que je *pourvusse.* Le mot composé *dépourvoir* n'est usité qu'au participe passif, *dépourvu, ue.*

Vouloir, voulant, voulu, je *veux,* je *voulus;* INDIC. PRÉS., ils *veulent;* FUTUR, je *voudrai,* etc.; IMPÉR., *veuille, veuillons, veuillez;* SUBJ. PRÉS., que je *veuille,* etc.

§ 35. VERBES PASSIFS.

Dans la plupart de nos verbes, comme *prendre, frapper,* les participes présents, *prenant, frappant,* et les participes passés *pris, frappé,* ont une signification toute contraire.

Le verbe simple je *prends,* je *frappe,* est équivalent au verbe *être* suivi du participe présent, *je suis prenant, je suis frappant.*

Si, avec le verbe *être,* on conjugue le participe passé, *je suis pris, tu es pris, il est pris,* etc., *je suis frappé, tu es frappé, il est frappé,* etc., on formera une conjugaison qu'on appelle *passive,* et les verbes ainsi conjugués sont des *verbes passifs.*

Il n'y a qu'une conjugaison pour tous les verbes passifs; elle se fait avec l'auxiliaire *être* dans tous ses temps, et le participe passé du verbe qu'on veut conjuguer.

Le participe étant un adjectif, s'accorde en genre et en nombre avec le sujet du verbe auquel il se rapporte.

INDICATIF.

PRÉSENT.

Je suis aimé, *ou* aimée.
Tu es aimé, *ou* aimée.
Il est aimé, elle est aimée.
Nous sommes aimés, *ou* aimées.
Vous êtes aimés, *ou* aimées.
Ils sont aimés, elles sont aimées.

IMPARFAIT.

J'étais aimé, *ou* aimée.
Tu étais aimé, *ou* aimée.
Il était aimé, elle était aimée.
Nous étions aimés, *ou* aimées.
Vous étiez aimés, *ou* aimées.
Ils étaient aimés, elles étaient aimées.

PRÉTÉRIT SIMPLE.

Je fus aimé, *ou* aimée.
Tu fus aimé, *ou* aimée.
Il fut aimé, elle fut aimée.
Nous fûmes aimés, *ou* aimées.
Vous fûtes aimés, *ou* aimées.
Ils furent aimés, elles furent aimées.

PARFAIT.

J'ai été aimé, *ou* aimée.
Tu as été aimé, *ou* aimée.
Il a été aimé, elle a été aimée.
Nous avons été aimés, *ou* aimées.
Vous avez été aimés, *ou* aimées.
Ils ont été aimés, elles ont été aimées.

PRÉTÉRIT ANTÉRIEUR.

J'eus été aimé, *ou* aimée.
Tu eus été aimé, *ou* aimée.
Il eut été aimé, elle eut été aimée.

Nous eûmes été aimés, *ou* aimées.
Vous eûtes été aimés, *ou* aimées.
Ils eurent été aimés, elles eurent été aimées.

PLUS-QUE-PARFAIT.

J'avais été aimé, *ou* aimée.
Tu avais été aimé, *ou* aimée.
Il avait été aimé, elle avait été aimée.
Nous avions été aimés, *ou* aimées.
Vous aviez été aimés, *ou* aimées.
Ils avaient été aimés, elles avaient été aimées.

FUTUR.

Je serai aimé, *ou* aimée.
Tu seras aimé, *ou* aimée.
Il sera aimé, elle sera aimée.
Nous serons aimés, *ou* aimées.
Vous serez aimés, *ou* aimées.
Ils seront aimés, elles seront aimées.

FUTUR PASSÉ.

J'aurai été aimé, *ou* aimée.
Tu auras été aimé, *ou* aimée.
Il aura été aimé, elle aura été aimée.
Nous aurons été aimés, *ou* aimées.
Vous aurez été aimés, *ou* aimées.
Ils auront été aimés, elles auront été aimées.

CONDITIONNEL.

PRÉSENT.

Je serais aimé, *ou* aimée.

Tu serais aimé, *ou* aimée.
Il serait aimé, elle serait aimée.
Nous serions aimés, *ou* aimées.
Vous seriez aimés, *ou* aimées.
Ils seraient aimés, elles seraient
aimées.

PASSÉ.

J'aurais été aimé, *ou* aimée.
Tu aurais été aimé, *ou* aimée.
Il aurait été aimé, elle aurait
été aimée.
Nous aurions été aimés, *ou* ai-
mées.
Vous auriez été aimés, *ou* ai-
mées.
Ils auraient été aimés, elles au-
raient été aimées.

On dit aussi : *J'eusse été aimé,
ou aimée; tu eusses été aimé,
ou aimée; il eût été aimé,
elle eût été aimée; nous eussions été aimés, ou aimées;
vous eussiez été aimés, ou aimées; ils eussent été aimés,
elles eussent été aimées.*

IMPÉRATIF.

Point de première personne.

Sois aimé, *ou* aimée.
Qu'il soit aimé, qu'elle soit ai-
mée.
Soyons aimés, *ou* aimées.
Soyez aimés, *ou* aimées.
Qu'ils soient aimés, qu'elles
soient aimées.

SUBJONCTIF.

PRÉSENT.

Que je sois aimé, *ou* aimée.
Que tu sois aimé, *ou* aimée.
Qu'il soit aimé, qu'elle soit ai-
mée.
Que nous soyons aimés, *ou* ai-
mées.

Que vous soyez aimés, *ou* aimées.
Qu'ils soient aimés, qu'elles
soient aimées.

IMPARFAIT.

Que je fusse aimé, *ou* aimée.
Que tu fusses aimé, *ou* aimée.
Qu'il fût aimé, qu'elle fût ai-
mée.
Que nous fussions aimés, *ou*
aimées.
Que vous fussiez aimés, *ou* ai-
mées.
Qu'ils fussent aimés, qu'elles
fussent aimées.

PARFAIT.

Que j'aie été aimé, *ou* aimée.
Que tu aies été aimé, *ou* aimée.
Qu'il ait été aimé, qu'elle ait
été aimée.
Que nous ayons été aimés, *ou*
aimées.
Que vous ayez été aimés, *ou*
aimées.
Qu'ils aient été aimés, qu'elles
aient été aimées.

PLUS-QUE-PARFAIT.

Que j'eusse été aimé, *ou* aimée.
Que tu eusses été aimé, *ou* aimée.
Qu'il eût été aimé, qu'elle eût
été aimée.
Que nous eussions été aimés,
ou aimées.
Que vous eussiez été aimés, *ou*
aimées.
Qu'ils eussent été aimés, qu'elles eussent été aimées.

INFINITIF.

PRÉSENT,

Être aimé, *ou* aimée.

PARFAIT.

Avoir été aimé, *ou* aimée.

PARTICIPE.

PRÉSENT.

Étant aimé, *ou* aimée.

PASSÉ.

Ayant été aimé, *ou* aimée.

FUTUR.

Devant être aimé, *ou* aimée.

§ 36. COMPLÉMENT DES VERBES.

Le complément d'un verbe se place ordinairement après le verbe, quand ce n'est pas un pronom. Exemple : *J'aime mon père, le chat mange la souris ; mon père* est le complément de *j'aime, la souris* est celui du verbe *mange*.

Quand le complément est un pronom, un des relatifs invariables *le, en, y,* ou un des conjonctifs *que, dont, où,* il se met devant le verbe. Exemple : *Je vous aime,* vous *y pensez, il en parlait,* les livres *que j'apporte, dont* je me *sers,* etc. ; *vous* est le complément de *j'aime, y* de *pensez, en* de *parlait, que* de *j'apporte, dont* de *je me sers.*

Comme la signification du verbe paraît passer sur le complément, on appelle *verbes transitifs,* c'est-à-dire *propres à ce passage,* ceux qui prennent un complément.

On appelle *transitifs directs*[1] ceux qui prennent leur complément sans préposition, ou après lesquels on peut mettre *quelqu'un* ou *quelque chose : Aimer* est un verbe transitif direct, parce qu'on peut dire *aimer quelqu'un.* Par exemple, *j'aime Dieu.* Le mot qui suit le verbe s'appelle son *complément direct.*

On connaît le complément direct d'un verbe en faisant devant ce verbe la question *qu'est-ce que ?* Exemple : *Qu'est-ce que j'aime ?* Réponse : *Dieu. Dieu* est le complément direct du verbe *j'aime.*

---

1. On les appelle aussi, mais moins bien, *verbes actifs.*

Les verbes qui ne prennent leur complément qu'avec une préposition, comme *parler à quelqu'un*, *sortir d'une chambre*, s'appellent verbes *transitifs indirects*.

Leurs compléments sont aussi nommés *indirects*.

Les relatifs invariables *en*, *y*, *dont*, *où*, placés devant les verbes et les pronoms *me*, *te*, *se*, *lui*, *nous*, *vous*, *leur*, mis pour *à moi*, *à toi*, *à lui*, *à elle*, *à nous*, *à vous*, *à eux*, *à elles*, sont des compléments indirects, puisqu'ils contiennent la valeur d'une préposition.

Un nom peut être régi par deux verbes à la fois, pourvu que ces verbes ne veuillent pas des compléments différents. Exemples : *Cet officier attaqua et prit la ville* ; on ne peut pas dire : *Cet officier attaqua et se rendit maître de la ville*, parce que le verbe *attaquer* ne peut régir *de la ville* [1].

Outre le complément direct, certains verbes peuvent avoir un complément indirect marqué par les mots *à* ou *de*. Exemple : *Donner une image à l'enfant*, *enseigner la grammaire à l'enfant* ; *écrire une lettre à son ami* : *à l'enfant* est le complément indirect des verbes *donner*, *enseigner* ; *à son ami* est le complément indirect du verbe *écrire*. *Accuser quelqu'un de mensonge* ; *avertir quelqu'un d'une chose* ; *délivrer quelqu'un du danger* : *de mensonge* est le complément indirect du verbe *accuser*, etc.

On connaît le complément indirect d'un verbe en faisant la question *à qui* ou *à quoi*, *de qui* ou *de quoi*, devant ce verbe. Exemple : *Ces livres me servent* ; *à qui* servent-ils ? *à moi*. *Me* (pour *à moi*) est le complément indirect de *servent*. *Vous vous souvenez de ses services* : *de quoi* vous souvenez-vous ? *de ses services* :

---

1. Cette règle s'applique également aux adjectifs.

ce mot est le complément indirect de *vous vous sou-venez.*

Avec un verbe passif, on met *de* ou *par* devant le nom ou pronom qui le suit et forme son complément. Exemples : *La souris est mangée* par *le chat; un enfant sage est aimé de ses parents; les méchants seront punis de Dieu.*

Tout verbe transitif direct a un passif.

Ce passif forme un sens équivalent à celui du verbe simple, en prenant le complément direct pour en faire le sujet du verbe passif, et en ajoutant après lui, comme complément, le sujet du premier verbe précédé des mots *par* ou *de.* Ainsi, pour tourner par le passif cette phrase : *Le chat mange la souris,* dites : *la souris est mangée par le chat. J'aime mon père tendrement,* dites : *mon père est tendrement aimé de moi.*

§ 37. VERBES INTRANSITIFS.

On appelle *verbes intransitifs*[1] ceux qui ne prennent pas de complément, ou après lesquels on ne peut pas mettre *quelqu'un* ni *quelque chose : languir, dormir,* sont des verbes intransitifs, parce qu'on ne peut pas dire *languir quelqu'un, dormir quelque chose,* etc.

On les appelle *intransitifs,* parce que leur significa-tion ne passe pas sur un complément.

La plupart des verbes intransitifs et des transitifs in-directs se conjuguent, selon la forme générale, avec l'auxiliaire *avoir :* je *dors,* j'ai *dormi,* j'avais *dormi,* j'aurais *dormi,* etc.

Mais il y a des verbes intransitifs qui se conjuguent, dans leurs temps composés, avec l'auxiliaire *être,* comme *venir, arriver, tomber.*

1. Autrefois *verbes neutres;* mais ce mot n'est pas bon.

3

Avec le verbe *être*, nous savons que le participe est un pur adjectif qui s'accorde en genre et en nombre avec le sujet auquel il se rapporte. De sorte que, dans ces verbes, les temps composés sont différents, selon l'auxiliaire employé.

Voici le modèle d'un verbe intransitif qui prend l'auxiliaire *être* :

INDICATIF.

PRÉSENT.

Je tombe.
Tu tombes.
Il, elle tombe.
Nous tombons.
Vous tombez.
Ils, elles tombent.

IMPARFAIT.

Je tombais.
Tu tombais.
Il, elle tombait.
Nous tombions.
Vous tombiez.
Ils, elles tombaient.

PRÉTÉRIT SIMPLE.

Je tombai.
Tu tombas.
Il, elle tomba.
Nous tombâmes.
Vous tombâtes.
Ils, elles tombèrent.

PARFAIT.

Je suis tombé, *ou* tombée.
Tu es tombé, *ou* tombée.
Il est tombé, elle est tombée.
Nous sommes tombés, *ou* tombées.
Vous êtes tombés, *ou* tombées.
Ils sont tombés, elles sont tombées.

PRÉTÉRIT ANTÉRIEUR.

Je fus tombé, *ou* tombée.
Tu fus tombé, *ou* tombée.

Il fut tombé, elle fut tombée.
Nous fûmes tombés, *ou* tombées.
Vous fûtes tombés, *ou* tombées.
Ils furent tombés, elles furent tombées.

PLUS-QUE-PARFAIT.

J'étais tombé, *ou* tombée.
Tu étais tombé, *ou* tombée.
Il était tombé, elle était tombée.
Nous étions tombés, *ou* tombées.
Vous étiez tombés, *ou* tombées.
Ils étaient tombés, elles étaient tombées.

FUTUR.

Je tomberai.
Tu tomberas.
Il, elle tombera.
Nous tomberons.
Vous tomberez.
Ils, elles tomberont.

FUTUR PASSÉ.

Je serai tombé, *ou* tombée.
Tu seras tombé, *ou* tombée.
Il sera tombé, elle sera tombée.
Nous serons tombés, *ou* tombées.
Vous serez tombés, *ou* tombées.
Ils seront tombés, elles seront tombées.

CONDITIONNEL.

PRÉSENT.

Je tomberais.
Tu tomberais.
Il, elle tomberait.
Nous tomberions.
Vous tomberiez.
Ils, elles tomberaient.

PASSÉ.

Je serais tombé, *ou* tombée.
Tu serais tombé, *ou* tombée.
Il serait tombé, elle serait tombée.
Nous serions tombés, *ou* tombées.
Vous seriez tombés, *ou* tombées.
Ils seraient tombés, elles seraient tombées.

On dit aussi : *Je fusse tombé, ou tombée ; tu fusses tombé, ou tombée ; il fût tombé, elle fût tombée ; nous fussions tombés, ou tombées ; vous fussiez tombés, ou tombées ; ils fussent tombés, elles fussent tombées.*

IMPÉRATIF.

PRÉSENT.

Point de première personne.

Tombe.
Qu'il *ou* elle tombe.
Tombons.
Tombez.
Qu'ils *ou* elles tombent.

SUBJONCTIF.

PRÉSENT.

Que je tombe.
Que tu tombes.
Qu'il *ou* elle tombe.
Que nous tombions.
Que vous tombiez.
Qu'ils *ou* elles tombent.

IMPARFAIT.

Que je tombasse.
Que tu tombasses.
Qu'il *ou* elle tombât.
Que nous tombassions.
Que vous tombassiez.
Qu'ils *ou* elles tombassent.

PARFAIT.

Que je sois tombé, *ou* tombée.
Que tu sois tombé, *ou* tombée.
Qu'il soit tombé, qu'elle soit tombée.
Que nous soyons tombés, *ou* tombées.
Que vous soyez tombés, *ou* tombées.
Qu'ils soient tombés, qu'elles soient tombées.

PLUS-QUE-PARFAIT.

Que je fusse tombé, *ou* tombée.
Que tu fusses tombé, *ou* tombée.
Qu'il fût tombé, qu'elle fût tombée.
Que nous fussions tombés, *ou* tombées.
Que vous fussiez tombés, *ou* tombées.
Qu'ils fussent tombés, qu'elles fussent tombées.

INFINITIF.

PRÉSENT.

Tomber.

PARFAIT.

Être tombé, *ou* tombée.

PARTICIPE.

PRÉSENT.

Tombant.

PASSÉ.

Tombé, tombée, étant tombé.

FUTUR.

Devant tomber.

Conjuguez comme *tomber* les verbes *aller, arriver, décéder, entrer, sortir, mourir, naître, partir, rester, venir*, et ses composés *devenir, survenir, revenir, parvenir*, etc.

§ 38. SYNTAXE DES TEMPS COMPOSÉS AVEC *avoir*.

Dans les temps passés composés avec *avoir*, le mot qui suit est invariable, c'est-à-dire qu'il ne s'accorde jamais avec son sujet ni avec le complément qui le suit. Exemples : Mon père *a écrit* une lettre ; ma mère *a écrit* une lettre ; mes frères *ont écrit* des lettres ; mes sœurs *ont écrit* des lettres.

Le mot *écrit* ne change point, quoique le sujet ou le complément soit masculin ou féminin , singulier ou pluriel.

Si, au contraire, le complément précède le verbe *avoir*, il faut distinguer.

Si le verbe est transitif indirect, ou si le complément est indirect, le mot reste invariable. Exemples : ils *nous ont obéi*, c'est-à-dire *obéi à nous* ; je *leur ai accordé* une grâce , c'est-à-dire *accordé à eux*.

Au contraire, quand le verbe est transitif direct, le participe passé qui suit *avoir* s'accorde toujours avec le complément direct placé devant l'auxiliaire. Exemples : *La lettre que vous avez écrite, je l'ai lue ; les livres que j'avais prêtés, on les a rendus ; quelle affaire avez-vous entreprise ? combien d'ennemis n'a-t-il pas vaincus !*

On voit que le complément mis devant le participe est ordinairement l'un des pronoms *que, me, te, se, le, la, les, nous, vous.*

On dit, sans faire accorder, *les vertus que j'ai entendu louer ; les vices que j'ai résolu d'éviter ;* parce que le mot *que* n'est pas ici le complément des verbes *entendre*, *résoudre*, mais des infinitifs suivants, *louer*, *éviter*.

Pour connaître si le complément dépend du participe, il faut savoir si l'on peut le mettre immédiatement après lui. On ne peut pas dire ici, *j'ai entendu les vertus*, *j'ai résolu les vices*.

§ 39. VERBES RÉFLÉCHIS.

On appelle *verbes réfléchis* ceux dont le sujet et le complément sont la même personne, comme *je me flatte*, *tu te loues*, *il se blesse*, etc.

Les verbes réfléchis prennent tous l'auxiliaire *être* aux temps composés, au lieu de l'auxiliaire *avoir* : *je me suis blessé*, et non pas *je m'ai blessé; tu t'es repenti*, et non pas *tu t'as repenti*.

Comment doit être écrit le temps composé quand le sujet est féminin ou pluriel? Il faut distinguer.

Il y a des verbes réfléchis *absolus*, c'est-à-dire qui n'existent pas comme verbes simples ; tels sont : *s'empresser*, *se repentir;* car on ne dit pas *empresser quelqu'un*, *repentir quelqu'un*.

Il y a des verbes réfléchis *directs*, c'est-à-dire où le verbe simple, étant transitif direct, est précédé de son complément direct. Tel est, par exemple, *je me blesse*, *tu te loues*, c'est-à-dire *je blesse moi-même, tu loues toi-même*.

Il y a des verbes réfléchis *indirects*, c'est-à-dire où le verbe simple ne peut avoir devant lui qu'un complément indirect : *il se nuit*, c'est-à-dire *il nuit à lui-même; cette femme se plaît*, c'est-à-dire *plaît à elle-même*.

Il y a enfin des verbes réfléchis *à deux compléments*, l'un direct et l'autre indirect, comme *cet enfant se donne une entorse, cette fille se fait une robe, cet ouvrier s'habitue à la paresse*.

Dans les verbes réfléchis directs, et dans les verbes réfléchis absolus (excepté *s'arroger, s'entre-donner, s'entre-nuire et s'entre-répondre*), le participe s'accorde toujours avec le complément direct placé devant l'auxiliaire, et par conséquent avec le sujet (qui est la même personne) : *cette petite fille s'est coupée, ma sœur s'est empressée, mes frères se sont repentis.*

Dans les verbes réfléchis indirects, le temps composé reste invariable : *ces deux hommes se sont nui, ces femmes se sont souri;* parce qu'on dit *nuire* ou *sourire à quelqu'un.*

Dans les verbes à deux compléments, si c'est le complément direct qui est placé devant l'auxiliaire, le participe s'accorde comme dans les réfléchis directs : *ces ouvriers se sont habitués à la paresse;* si, au contraire, c'est le complément indirect qui précède, le temps composé reste invarable : *ces écoliers se sont jeté des boules de neige.*

Ainsi, tous les verbes réfléchis se conjuguent de même aux temps simples ; aux temps composés, il y a deux modèles très-différents, comme on le verra dans les paragraphes ci-dessous.

§ 40. CONJUGAISON DU VERBE RÉFLÉCHI DIRECT.

INDICATIF.

PRÉSENT.

Je me repens.
Tu te repens.
Il, elle se repent.
Nous nous repentons.
Vous vous repentez.
Ils, elles se repentent.

IMPARFAIT.

Je me repentais.
Tu te repentais.
Il, elle se repentait.
Nous nous repentions.
Vous vous repentiez.
Ils, elles se repentaient.

PRÉTÉRIT SIMPLE.

Je me repentis.
Tu te repentis.
Il, elle se repentit.
Nous nous repentîmes.
Vous vous repentîtes.
Ils, elles se repentirent.

PARFAIT.

Je me suis repenti, *ou* repentie.
Tu t'es repenti, *ou* repentie.
Il s'est repenti, elle s'est re-
pentie.
Nous nous sommes repentis
ou repenties.
Vous vous êtes repentis, *ou*
repenties.
Ils se sont repentis, elles se
sont repenties.

PRÉTÉRIT ANTÉRIEUR.

Je me fus repenti, *ou* repentie.
Tu te fus repenti, *ou* repentie.
Il se fut repenti, elle se fut re-
pentie.
Nous nous fûmes repentis, *ou*
repenties.
Vous vous fûtes repentis, *ou*
repenties.
Ils se furent repentis, elles se
furent repenties.

PLUS-QUE-PARFAIT.

Je m'étais repenti, *ou* repentie.
Tu t'étais repenti, *ou* repentie.
Il s'était repenti, elle s'était re-
pentie.
Nous nous étions repentis, *ou*
repenties.
Vous vous étiez repentis, *ou*
repenties.
Ils s'étaient repentis, elles s'é-
taient repenties.

FUTUR.

Je me repentirai.
Tu te repentiras.
Il, elle se repentira.
Nous nous repentirons.
Vous vous repentirez.
Ils, elles se repentiront.

FUTUR PASSÉ.

Je me serai repenti, *ou* repentie.

Tu te seras repenti, *ou* repentie.
Il se sera repenti, elle se sera
repentie.
Nous nous serons repentis, *ou*
repenties.
Vous vous serez repentis, *ou*
repenties.
Ils se seront repentis, elles se
seront repenties.

CONDITIONNEL.

PRÉSENT.

Je me repentirais.
Tu te repentirais.
Il, elle se repentirait.
Nous nous repentirions.
Vous vous repentiriez.
Ils, elles se repentiraient.

PASSÉ.

Je me serais repenti, *ou* repentie.
Tu te serais repenti, *ou* repentie.
Il se serait repenti, elle se serait repentie.
Nous nous serions repentis, *ou*
repenties.
Vous vous seriez repentis, *ou*
repenties.
Ils se seraient repentis, elles se
seraient repenties.

On dit aussi : *Je me fusse repenti,* ou *repentie; tu te fusses
repenti,* ou *repentie; il se fût
repenti, elle se fût repentie;
nous nous fussions repentis,* ou
*repenties; vous vous fussiez
repentis* ou *repenties; ils se
fussent repentis, elles se fussent repenties.*

IMPÉRATIF.

Point de première personne.

Repens-toi.

Qu'il *ou* elle se repente.
Repentons-nous.
Repentez-vous.
Qu'ils *ou* elles se repentent.

SUBJONCTIF.

PRÉSENT.

Que je me repente.
Que tu te repentes.
Qu'il *ou* elle se repente.
Que nous nous repentions.
Que vous vous repentiez.
Qu'ils *ou* elles se repentent.

IMPARFAIT.

Que je me repentisse.
Que tu te repentisses.
Qu'il *ou* elle se repentît.
Que nous nous repentissions.
Que vous vous repentissiez.
Qu'ils *ou* elles se repentissent.

PARFAIT.

Que je me sois repenti, *ou* repentie.
Que tu te sois repenti, *ou* repentie.
Qu'il se soit repenti, qu'elle se soit repentie.
Que nous nous soyons repentis, *ou* repenties.
Que vous vous soyez repentis, *ou* repenties.

Qu'ils se soient repentis, qu'elles se soient repenties.

PLUS-QUE-PARFAIT.

Que je me fusse repenti, *ou* repentie.
Que tu te fusses repenti, *ou* repentie.
Qu'il se fût repenti, qu'elle se fût repentie.
Que nous nous fussions repentis, *ou* repenties.
Que vous vous fussiez repentis, *ou* repenties.
Qu'ils se fussent repentis, qu'elles se fussent repenties.

INFINITIF.

PRÉSENT.

Se repentir.

PARFAIT.

S'être repenti, *ou* repentie.

PARTICIPE.

PRÉSENT.

Se repentant.

PASSÉ.

S'étant repenti, *ou* repentie.

FUTUR.

Devant se repentir.

§ 41. CONJUGAISON DU VERBE RÉFLÉCHI INDIRECT.

INDICATIF.

PRÉSENT.

Je me nuis.
Tu te nuis.
Il, elle se nuit.
Nous nous nuisons.
Vous vous nuisez.
Ils, elles se nuisent.

IMPARFAIT.

Je me nuisais.

Tu te nuisais.
Il, elle se nuisait.
Nous nous nuisions.
Vous vous nuisiez.
Ils, elles se nuisaient.

PRÉTÉRIT SIMPLE.

Je me nuisis.
Tu te nuisis.
Il, elle se nuisit.
Nous nous nuisîmes.

Vous vous nuisîtes.
Ils, elles se nuisirent.

PARFAIT.

Je me suis nui.
Tu t'es nui.
Il, elle s'est nui.
Nous nous sommes nui.
Vous vous êtes nui.
Ils, elles se sont nui.

PLUS-QUE-PARFAIT.

Je m'étais nui.
Tu t'étais nui.
Il, elle s'était nui.
Nous nous étions nui.
Vous vous étiez nui.
Ils, elles s'étaient nui.

PRÉTÉRIT ANTÉRIEUR.

Je me fus nui.
Tu te fus nui.
Il, elle se fut nui.
Nous nous fûmes nui.
Vous vous fûtes nui.
Ils, elles se furent nui.

FUTUR.

Je me nuirai.
Tu te nuiras.
Il, elle se nuira.
Nous nous nuirons.
Vous vous nuirez.
Ils, elles se nuiront.

FUTUR PASSÉ.

Je me serai nui.
Tu te seras nui.
Il, elle se sera nui.
Nous nous serons nui.
Vous vous serez nui.
Ils, elles se seront nui.

CONDITIONNEL.

PRÉSENT.

Je me nuirais.
Tu te nuirais.
Il, elle se nuirait.
Nous nous nuirions.

Vous vous nuiriez.
Ils, elles se nuiraient.

PASSÉ.

Je me serais nui.
Tu te serais nui.
Il, elle se serait nui.
Nous nous serions nui.
Vous vous seriez nui.
Ils, elles se seraient nui.

On dit aussi : *Je me fusse nui ; tu te fusses nui ; il, elle se fût nui ; nous nous fussions nui ; vous vous fussiez nui ; ils, elles se fussent nui.*

IMPÉRATIF.

Point de première personne.

Nuis-toi.
Qu'il *ou* elle se nuise.
Nuisons-nous.
Nuisez-vous.
Qu'ils *ou* elles se nuisent.

SUBJONCTIF.

PRÉSENT.

Que je me nuise.
Que tu te nuises.
Qu'il *ou* elle se nuise.
Que nous nous nuisions.
Que vous vous nuisiez
Qu'ils *ou* elles se nuisent.

IMPARFAIT.

Que je me nuisisses.
Que tu te nuisisses.
Qu'il *ou* elle se nuisît.
Que nous nous nuisissions.
Que vous vous nuisissiez.
Qu'ils *ou* elles se nuisissent.

PARFAIT.

Que je me sois nui.
Que tu te sois nui.
Qu'il *ou* elle se soit nui.
Que nous nous soyons nui.

3.

Que vous vous soyez nui.
Qu'ils *ou* elles se soient nui.

PLUS-QUE-PARFAIT.

Que je me fusse nui.
Que tu te fusses nui.
Qu'il *ou* elle se fût nui.
Que nous nous fussions nui.
Que vous vous fussiez nui.
Qu'ils *ou* elles se fussent nui.

INFINITIF.

PRÉSENT.

Se nuire.

PARFAIT.

S'être nui.

PARTICIPE.

PRÉSENT.

Se nuisant.

PASSÉ.

S'étant nui.

FUTUR.

Devant se nuire.

§ 42. VERBES IMPERSONNELS.

On appelle *verbes impersonnels* ceux qui ne s'emploient dans tous les temps qu'à la troisième personne du singulier, comme *il faut, il importe, il pleut*, etc. Ils se conjuguent à cette troisième personne comme les autres verbes.

Il y a des verbes impersonnels qui prennent l'auxiliaire *avoir;* d'autres prennent l'auxiliaire *être*. Il n'en résulte d'autre différence, même aux temps composés, que celle de l'auxiliaire lui-même.

Il y en a quelques-uns aussi qui sont réfléchis, comme *il s'agit, il s'en faut*. Ceux-là prennent tous l'auxiliaire *être* aux temps composés.

Voici un verbe conjugué avec *Avoir :*

INDICATIF.

PRÉSENT.

Il faut.

IMPARFAIT.

Il fallait.

PRÉTÉRIT SIMPLE.

Il fallut.

PARFAIT.

Il a fallu.

PRÉTÉRIT ANTÉRIEUR.

Il eut fallu.

PLUS-QUE-PARFAIT.

Il avait fallu.

FUTUR.

Il faudra.

FUTUR PASSÉ.

Il aura fallu.

CONDITIONNEL.

PRÉSENT.

Il faudrait.

PASSÉ.

Il aurait fallu.

On dit aussi : *Il eût fallu.*

IMPÉRATIF.

Il manque dans les verbes impersonnels.

SUBJONCTIF.

PRÉSENT.

Qu'il faille.

IMPARFAIT.

Qu'il fallût.

PARFAIT.

Qu'il ait fallu.

PLUS-QUE-PARFAIT.

Qu'il eût fallu.

INFINITIF.

PRÉSENT.

Falloir.

PARTICIPE.

Il manque le plus souvent dans les verbes impersonnels.

Voici un second verbe impersonnel conjugué avec l'auxiliaire *Être* :

INDICATIF.

PRÉSENT.

Il résulte.

IMPARFAIT.

Il résultait.

PRÉTÉRIT SIMPLE.

Il résulta.

PARFAIT.

Il est résulté.

PRÉTÉRIT ANTÉRIEUR.

Il fut résulté.

PLUS-QUE-PARFAIT.

Il était résulté.

FUTUR.

Il résultera.

FUTUR PASSÉ.

Il sera résulté.

CONDITIONNEL.

PRÉSENT.

Il résulterait.

PASSÉ.

Il serait résulté.

On dit aussi : *Il fût résulté.*

IMPÉRATIF.

Il manque dans les verbes impersonnels.

SUBJONCTIF.

PRÉSENT.

Qu'il résulte.

IMPARFAIT.

Qu'il résultât.

PARFAIT.

Qu'il soit résulté.

PLUS-QUE-PARFAIT.

Qu'il fût résulté.

INFINITIF.

PRÉSENT.

Résulter.

PARTICIPE.

Il manque le plus souvent dans les verbes impersonnels.

REMARQUE. Le mot *il* ne marque un verbe *impersonnel* que lorsqu'on ne peut pas mettre un nom à sa place ; car lorsqu'en parlant d'un enfant, on dit : *il joue*, ce n'est pas un impersonnel, parce qu'à la place du mot *il* on peut mettre *l'enfant*, et dire : *l'enfant joue*.

Au contraire, dans *il faut*, *il résulte*, *il* n'indique qu'une troisième personne, sans rapport à aucun objet ; et c'est pour cela que les participes sont inusités dans ces verbes, puisqu'il n'y a pas de noms auxquels ils puissent s'appliquer naturellement.

CHAPITRE VI.

LE PARTICIPE.

§ 43. DÉFINITION ; PARTICIPE PRÉSENT ; PARTICIPE PASSÉ.

Le PARTICIPE est un adjectif appartenant à un verbe, comme *aimant*, *aimé*, qui se trouvent dans la conjugaison du verbe *aimer* ; *finissant*, *fini*, qui se trouvent dans celle de *finir*.

Son nom lui vient de ce qu'il participe du verbe et de l'adjectif : il tient du verbe, en ce qu'il en a la signification et le complément : *aimant Dieu*, *aimé de Dieu* ; il tient de l'adjectif, en ce qu'il qualifie une personne ou une chose, c'est-à-dire qu'il en marque la qualité, comme *vieillard honoré*, *vertu éprouvée*.

On distingue deux sortes de *participes* : le *participe présent*, toujours terminé en *ant*, comme *aimant*, *charmant*, *recevant* ; et le *participe passé*, terminé en *é*, *i*, *u*, *t* ou *s*, comme *aimé*, *fini*, *rendu*, *écrit*, *mis*.

Le participe présent joint à un nom pour exprimer une qualité ou disposition habituelle s'accorde avec ce nom en genre et en nombre : un homme *obligeant*, une femme *obligeante;* une *porte battante*, des *eaux dormantes*, etc.

Dans cette signification, il prend spécialement le nom d'*adjectif verbal*.

Le participe présent joint à un nom pour exprimer une action présente ne varie jamais, c'est-à-dire qu'il ne prend ni genre ni nombre. Exemples : *un homme lisant, des hommes lisant; une femme lisant, des femmes lisant.*

Le participe présent ne varie pas non plus quand il est suivi d'un complément. Exemple : *Des familles demeurant à la campagne; des maçons bâtissant une maison; une femme obligeant tout le monde.*

Ce qu'on appelle *gérondif* n'est autre chose que le participe présent devant lequel on met le mot *en*, comme *les jeunes gens se forment l'esprit en lisant de bons livres.* Dans ce cas, il est toujours invariable.

Le participe passé avec un nom auquel il se rapporte, s'accorde toujours avec lui en genre et en nombre : *un tiroir ouvert, des tiroirs ouverts; une porte ouverte, des portes ouvertes.*

Joint au verbe *être* ou au verbe *avoir*, il entre dans la conjugaison des verbes, et suit les règles énoncées précédemment.

CHAPITRE VII.

LA PRÉPOSITION.

§ 44. DÉFINITION ; LISTE DES PRÉPOSITIONS.

La PRÉPOSITION est un mot qui sert à joindre le nom ou pronom suivant au mot qui la précède ; par exemple, quand je dis *le fruit de l'arbre*, *de* marque le rapport qu'il y a entre *fruit* et *arbre* ; quand je dis *utile à l'homme*, *à* fait rapporter le nom *homme* à l'adjectif *utile* ; quand je dis *j'ai reçu de mon père*, *de* sert à joindre le nom *père* au verbe *j'ai reçu*, etc. ; *de*, *à*, sont des prépositions.

Le mot qui suit la préposition s'appelle son *complément*, ou le complément du mot qui la précède.

Ce complément est toujours un nom, *utile à l'homme* ; ou un pronom, parce qu'il rappelle un nom, *je suis content de lui* ; ou un adjectif pris substantivement, *traiter du juste et de l'injuste* ; ou un infinitif, parce que c'est un nom dans le verbe, *pour rire*, *sans mentir*.

Cette espèce de mot s'appelle *préposition*, parce qu'elle se met immédiatement avant le nom qu'elle régit.

On a divisé les prépositions françaises d'après le rapport qu'elles expriment. Cette division, que nous suivons ici, n'est pas absolue.

1°. Pour marquer *la place* ou *le lieu* : *A*. Attacher *à* la muraille ; vivre *à* Paris ; aller *à* Rome. — *Dans*. Être *dans* la maison ; serrer *dans* une cassette. — *En*. Être *en* Italie ; voyager *en* Allemagne. — *De*. Sortir *de* la ville ; venir *de* la province. — *Chez*. Être *chez* un ami ; ce livre est *chez* le libraire. — *Devant*. Le berger marche *devant* le troupeau ; allez *devant* moi. — *Après*. J'irai *après* vous ; courir *après* quelqu'un. — *Derrière*. Les laquais vont *derrière* leurs maîtres ; se cacher *derrière* un mur. — *Parmi*. Cet officier fut trouvé *parmi* les morts. — *Sur*. Avoir son chapeau *sur* la tête ; mettre un flambeau *sur* la table. — *Sous*. Mettre un tapis *sous* les pieds ; tout ce qui est *sous* le ciel. — *Vers*. Les yeux levés *vers* le ciel ; l'aimant se tourne *vers* le nord.

2°. Pour marquer *l'ordre :* — *Avant*. La nouvelle est arrivée *avant* le courrier. — *Entre*. Tenir un enfant *entre* ses bras ; *entre* le printemps et l'automne. — *Dès*. Cette rivière est navigable *dès* sa source ; *dès* sa plus tendre enfance. — *Depuis*. *Depuis* Paris jusqu'à Orléans ; *depuis* la création jusqu'au déluge.

3°. Pour marquer *l'union :* — *Avec*. Manger *avec* ses amis ; il est parti *avec* la fièvre. — *Pendant*. *Pendant* la guerre. — *Durant*. *Durant* la guerre. — *Outre*. Compagnie de cent hommes, *outre* les officiers. — *Selon*. Se conduire *selon* la raison. — *Suivant*. *Suivant* la loi.

4°. Pour marquer *la séparation :* — *Sans*. Les soldats *sans* leurs officiers. — *Hors*. Tout est perdu, *hors* l'honneur. — *Excepté*. Tout est perdu, *excepté* l'honneur.

5°. Pour marquer *opposition :* — *Contre*. Écoliers révoltés *contre* le maître ; plaider *contre* quelqu'un. — *Malgré*. Il est parti *malgré* moi. — *Nonobstant*. Il a fait cela *nonobstant* mes représentations.

6°. Pour marquer *le but :* — *Envers*. Charitable *envers* les pauvres ; son respect *envers* ses supérieurs. — *Touchant*. Il m'a écrit *touchant* cette affaire. — *Pour*.

Travailler *pour* le bien public ; étudier *pour* son instruction.

7°. Pour marquer *la cause, le moyen :* — *Par.* Fléchir *par* ses prières ; tout a été créé *par* la parole de Dieu. — *Moyennant.* J'espère *moyennant* la grâce de Dieu. — *Attendu.* Le courrier n'a pu partir, *attendu* le mauvais temps.

CHAPITRE VIII.

L'ADVERBE.

§ 45. DÉFINITION ; CLASSIFICATION DES ADVERBES.

L'ADVERBE est un mot qui se joint ordinairement au verbe ou à l'adjectif pour en déterminer la signification. Quand on dit : *cet enfant parle distinctement*, par ce mot *distinctement* l'on fait entendre qu'il parle d'une manière claire, nette, etc.

On distingue plusieurs sortes d'*adverbes.*

1°. Les adverbes qui marquent la *manière* (ce sont les plus nombreux) : ils sont presque tous terminés en *ment*, et ils se forment des adjectifs, comme *sagement* de *sage*, *poliment* de *poli*, *agréablement* d'*agréable*, *modestement* de *modeste*, etc. : *Cette femme chante agréablement.*

2°. Les adverbes qui marquent l'*ordre*, comme *premièrement, secondement, d'abord, ensuite, auparavant.* Exemple : *D'abord il faut éviter le mal, ensuite il faut faire le bien.*

La plupart de ces adverbes sont tirés des adjectifs de

nombre ordinaux : *deuxièmement, troisièmement*, etc.; quelques-uns sont composés d'une préposition suivie d'un nom, comme *d'abord, dès l'abord, de suite, tout de suite*, etc. Ces derniers s'appellent *adverbes composés* ou *locutions adverbiales.*

3°. Les adverbes qui marquent le lieu, comme *où, ici, là, deçà, au delà, dessus, partout, auprès, loin, dedans, dehors, ailleurs.* Exemple : *Où êtes-vous ? Je suis ici ; je vais là.*

4°. Les adverbes de temps, comme *hier, autrefois, bientôt, souvent, toujours, jamais*, etc. Exemple : *Cet enfant joue toujours, et ne s'applique jamais.*

5°. Les adverbes de *quantité*, comme *beaucoup, peu, assez, trop, tant*, etc. Exemple : *Il parle beaucoup et réfléchit peu.*

6°. Les adverbes de *comparaison*, comme *plus, moins, aussi, autant*, etc. Exemple : *Plus sage, aussi sage, moins sage que vous.*

Ces derniers sont aussi adverbes de quantité.

Au reste, il faut remarquer que les adverbes de lieu, de temps et de quantité ne peuvent être considérés comme adverbes que quand ils déterminent un verbe ou un adjectif. Quand ils sont sujets de phrase, comme *hier fut un beau jour*, ou déterminés par l'article, comme *le dedans, le trop, le peu*, ou compléments de prépositions, comme *dès demain*, ce sont des noms de lieu, de temps ou de quantité.

Dans ce dernier cas, on dit aussi qu'ils forment avec la préposition un *adverbe composé.* Tels sont : *Par dessous, en dehors, pour toujours.*

7°. Enfin, certains adjectifs sont quelquefois employés comme adverbes; on dit : *chanter juste, parler bas, voir clair, rester court, frapper fort, sentir bon*, etc.

CHAPITRE IX.
LA CONJONCTION.

§ 46. DÉFINITION; LISTE DES CONJONCTIONS.

La CONJONCTION est un mot qui sert à joindre une proposition à une autre proposition[1]; par exemple, quand on dit : *il pleure et il rit en même temps*, ce mot *et* lie la première proposition, *il pleure*, avec la seconde, *il rit.*

Si l'on dit : *J'avais espéré que vous viendriez nous voir*, ce mot *que* lie la première proposition, *j'avais espéré*, avec la seconde, *vous viendriez nous voir.*

On a divisé les conjonctions françaises, comme les prépositions, d'après le genre de liaison qu'elles expriment le plus souvent. Cette division n'a rien d'absolu.

Nous avons des conjonctions :

1°. Pour marquer la liaison : *et, ni, aussi, que;* je crois *que* votre frère est parti.

2°. Pour marquer l'opposition : *mais, cependant, pourtant, néanmoins;* il est fort honnête homme, *mais* il a quelques défauts.

3°. Pour marquer la division : *ou, ou bien, soit;* venez me voir, *ou* j'irai chez vous.

4°. Pour marquer l'exception : *sinon, quoique;* apportez-moi mon livre, *sinon* j'irai le chercher.

---

1. Au lieu d'une *proposition*, on dit quelquefois une *phrase;* mais ce mot est moins précis.

5°. Pour comparer : *comme, de même que, ainsi que ;* il était habillé *comme* je vous l'ai dit.

6°. Pour ajouter : *de plus, d'ailleurs, outre que, encore;* ce jeune homme est riche, *de plus* il est sage.

7°. Pour rendre raison : *car, parce que, puisque, vu que;* l'homme orgueilleux est insensé, *car* il est né faible, imbécile, indigent et nécessiteux.

8°. Pour marquer l'intention : *afin que, de peur que;* fermez votre maison, *de peur que* les voleurs ne s'y glissent.

9°. Pour conclure : *or, donc, ainsi, de sorte que;* tout ce qui est utile est une richesse; *or* un talent est utile; *donc* un talent est une richesse.

10°. Pour marquer le temps : *quand, lorsque, comme, dès que, tandis que;* je serai chez moi *quand* vous viendrez.

11°. Pour marquer le doute : *si, supposé que, pourvu que, en cas que; si* vous venez, vous me ferez plaisir.

On voit, par quelques-uns de ces exemples, qu'il y a des conjonctions formées de plusieurs mots : *de même que, parce que, de peur que,* etc.; on les appelle *conjonctions composées* ou *locutions conjonctives.*

§ 47. SYNTAXE DES CONJONCTIONS.

Parmi les conjonctions, les unes veulent le verbe suivant au subjonctif, les autres à l'indicatif.

Voici celles qui régissent le subjonctif : *soit que, sans que, si ce n'est que, quoique, jusqu'à ce que, encore que, à moins que, pourvu que, supposé que, au cas que, avant que, non pas que, afin que, de peur que, de crainte que.*

On voit qu'excepté *quoique*, ce sont toutes des conjonctions composées, c'est-à-dire qu'il n'y a dans ces locutions que le mot *que* qui soit la conjonction véritable.

Que est en effet la conjonction la plus ordinaire; et, en général, il régit le subjonctif quand on marque quelque doute ou quelque souhait, comme *je souhaite que* cet enfant se *conduise* bien; *je doute qu'il soit* jamais savant.

Que, conjonction, et *que*, adjectif conjonctif, se ressemblent d'autant plus qu'ils lient tous les deux des phrases. On distingue la conjonction de l'adjectif, en ce qu'elle ne peut pas se tourner par *lequel, laquelle*. Exemple : Je vous ai dit *que* je viendrais; c'est ici une conjonction. Je vous montrerai les livres *que* j'ai achetés, c'est-à-dire *lesquels* j'ai achetés; c'est un adjectif conjonctif.

CHAPITRE X.

L'INTERJECTION.

§ 48. DÉFINITION; LISTE DES INTERJECTIONS.

L'INTERJECTION est un mot dont on se sert pour exprimer un sentiment de l'âme, comme la joie, la douleur, etc.

1°. La joie : *Ah! Bon!*
2°. La douleur : *Aie! Ah! Hélas! Ouf!*
3°. La crainte : *Ha! Hé!*
4°. L'aversion : *Fi! Fi donc!*

5°. L'admiration : *Ho !*

6°. Pour encourager : *Çà. Allons ! Courage !*

7°. Pour appeler : *Holà ! Hé !*

8°. Pour faire taire : *Chut ! Paix !*

Cette classification n'a rien d'absolu, car l'interjection est un cri plutôt qu'un mot ; elle n'a pas un sens bien déterminé, et nous voyons que le même son sert pour exprimer des sentiments très-différents.

CHAPITRE XI.

REMARQUES PARTICULIERES.

§ 49. SUR LES NOMS.

1°. Il y a des noms formés de deux ou trois mots réunis par des traits d'union. On les appelle des noms *composés* ou *juxtaposés*.

Quand un nom est composé d'un adjectif et d'un nom, ils prennent tous deux la marque du pluriel. Exemple : un *arc-boutant*, des *arcs-boutants;* un *chat-huant*, des *chats-huants*, etc.

Quand il est composé de deux noms unis par une préposition, on ne met la marque du pluriel qu'au premier des deux noms. Exemple : un *chef-d'œuvre*, des *chefs-d'œuvre ;* un *arc-en-ciel*, des *arcs-en-ciel*.

Quand il est composé d'un nom joint à une préposition ou à un verbe, le nom seul prend la marque du pluriel. Exemple : un *entre-sol*, des *entre-sols ;* un *garde-fou*, des *garde-fous.*

2°. Les noms partitifs suivis d'un nom pluriel veulent le verbe et l'adjectif au pluriel. Exemples : *La plupart des enfants sont légers ; peu d'enfants sont attentifs.*

3°. *Ce* devant le verbe *être* veut ce verbe au singulier, excepté quand il est suivi de la troisième personne plurielle. On dit : *c'est moi, c'est toi, c'est lui, c'est nous, c'est vous ;* mais il faut dire : *ce sont eux, ce sont elles ; ce sont vos ancêtres qui ont bâti cette maison.*

§ 50. SUR LES ADJECTIFS.

1°. Les articles contractés, *du, des* et *de la*, s'emploient dans le sens partitif, c'est-à-dire pour signifier une partie d'un tout. Exemples : *Donnez-moi du pain ; apportez-moi de l'eau, des bougies.* — Dans ce cas, la préposition n'empêche pas le complément d'être direct.

Dans le sens partitif on met *de* et non pas *des* devant un adjectif. Exemples : *J'ai lu de bons livres,* et non pas *des bons livres ; j'ai vu de belles maisons,* et non pas *des belles maisons.*

2°. Il ne faut pas se servir de l'adjectif possessif *son, sa, ses, leur, leurs,* mis pour un nom de chose, à moins que ce nom ne soit exprimé dans la même phrase. Ainsi ne dites pas : *Paris est beau : j'admire ses bâtiments ;* mais dites : *j'en admire les bâtiments.*

On emploie bien *son, sa, ses,* etc., pour un nom de chose, quand il est exprimé dans la même phrase. Ainsi on dit bien : *La Seine a sa source en Bourgogne.*

Cependant, quoique le nom de chose ne soit pas dans la même phrase, on se sert bien de *son, sa, ses,* quand il est régi par une préposition, comme *Paris est beau, j'admire la grandeur de ses bâtiments.*

3°. L'adjectif conjonctif *qui,* précédé d'une préposition, ne se dit jamais des choses, mais seulement des personnes. Ainsi ne dites pas : *Les sciences à qui je m'applique*, mais *auxquelles je m'applique*. On dira très-bien : *La personne à qui ou à laquelle je me confie*.

4°. *Tout*, mis pour *quoique*, ne change point de nombre devant un adjectif masculin. Ainsi dites : *Les enfants, tout aimables qu'ils sont, ne laissent pas d'avoir bien des défauts*.

Tout ne change ni de genre ni de nombre devant un adjectif féminin qui commence par une voyelle ou une *h* muette. Ainsi dites : *Cette image, tout amusante qu'elle est, ne me plaît pas ; ces images, tout amusantes qu'elles sont, ne me plaisent pas*.

Mais si l'adjectif féminin commence par une consonne, alors on met *toute, toutes*. Exemples : *Cette image, toute belle qu'elle est, ne me plaît pas ; ces images, toutes belles qu'elles sont, ne me plaisent pas*.

Quand *tout* signifie *entièrement*, il reste invariable : *ils sont tout interdits ; elles sont tout interdites*, etc., c'est-à-dire entièrement *interdits*, ou *interdites*.

Au contraire, il varie comme un adjectif, si devant un autre adjectif il a son sens ordinaire : *ils sont tous interdits, elles sont toutes interdites* ; c'est-à-dire *tous* (ces hommes) sont interdits ; *toutes* (ces femmes) sont interdites.

5°. *Quelque.... que* s'emploie de cette manière : s'il y a un adjectif entre *quelque* et *que*, alors *quelque* ne prend jamais *s* à la fin. Exemple : *Les rois, quelque puissants qu'ils soient, ne doivent jamais oublier qu'ils sont hommes*.

S'il y a un nom entre *quelque* et *que*, alors on met *quelque* au même nombre que le nom. Exemple : *Quelque puissance, quelques richesses que vous ayez, vous ne devez pas vous enorgueillir*.

Si le nom n'est placé qu'après le *que* et le verbe,

alors il faut écrire en deux mots séparés : *quel* ou *quelle que*, *quels* ou *quelles que*. Exemples : *Quel que soit votre pouvoir, quels que soient vos moyens, quelle que soit votre force, quelles que soient vos richesses, vous ne devez pas vous enorgueillir.*

C'est la même règle, si au lieu d'un nom il y a un pronom, qui se met alors devant le verbe. Exemple : *Votre puissance, quelle qu'elle soit, ne vous donne pas le droit de mépriser les autres.*

§ 51. SUR LES PRONOMS.

1°. *Vous*, employé pour *tu*, veut le verbe au pluriel ; mais l'adjectif suivant reste au singulier. Exemple : *Mon fils, vous serez estimé, si vous êtes sage.*

2°. *Le, la, les*, sont quelquefois pronoms, et quelquefois ils sont articles ; l'article est toujours suivi d'un nom : *le frère, la sœur, les hommes ;* au lieu que le pronom est toujours joint à un verbe, et se rapporte à un ou plusieurs noms précédemment exprimés, comme *je le connais, je la respecte, je les estime.*

3°. Le mot *le* peut aussi rappeler un adjectif, un verbe ou une proposition entière. Dans ce cas, c'est un mot relatif invariable, masculin singulier, et qui signifie *cela.* (*Voy.* § 21, p. 23.) Par exemple, si l'on disait à une dame : *Madame, êtes-vous malade ?* il faudrait qu'elle répondît : *Oui, je le suis*, et non pas *je la suis*, parce qu'elle veut dire : *je suis cela*, ce qui rappelle l'adjectif *malade. — On doit s'accommoder à l'humeur des autres, autant qu'on le peut ;* c'est-à-dire *autant qu'on peut cela*, savoir, *s'accommoder.*

§ 52. SUR LES VERBES.

1°. Dans les phrases interrogatives, le pronom se met après le verbe : *que fais-je ? veux-tu ?* etc. Dans ce cas-là, l'*e* muet qui termine les verbes de la première conjugaison devient fermé : *aimé-je ? chanté-je ?*

Toutefois, l'usage ne permet pas toujours cette manière d'interroger à la première personne, parce que la prononciation en serait rude et désagréable. Ne dites pas : *cours-je ? mens-je ? dors-je ? sors-je ?* etc. Il faut prendre un autre tour, et dire : *est-ce que je cours ? est-ce que je mens ? est-ce que je dors ?*

2°. On ne doit se servir du prétérit simple qu'en parlant d'un temps absolument écoulé et dont il ne reste plus rien. Ainsi ne dites pas : *j'étudiai aujourd'hui, cette semaine, cette année,* parce que le jour, la semaine, l'année, ne sont pas encore passés. Ne dites pas non plus : *j'étudiai ce matin ;* il faut, pour ce prétérit, qu'il y ait l'intervalle d'un jour. Mais on dit bien : *j'étudiai hier, la semaine dernière, l'an passé.*

Le parfait s'emploie indifféremment pour un temps passé, qu'il en reste encore une partie à écouler ou non. On dit bien : *j'ai étudié ce matin, j'ai étudié hier, j'ai étudié cette semaine, j'ai étudié la semaine passée,* etc.

3°. Quand des propositions sont jointes par la conjonction *que,* si le premier verbe est au présent ou au futur, mettez au présent du subjonctif le second verbe qui est après *que.* Exemples : *il faut, il faudra que vous soyez plus attentif.*

Si le premier verbe est à l'un des prétérits ou au conditionnel, mettez le second verbe à l'imparfait du subjonctif. Exemples : *il fallait, il fallut, il a fallu, il avait fallu, il faudrait, il aurait fallu que vous fussiez plus attentif.*

§ 53. SUR LES PRÉPOSITIONS.

1°. Ne confondez pas *autour* et *alentour. Autour* est une préposition qui peut être suivie d'un complément :

autour d'un trône. Alentour n'est qu'un adverbe, et il n'a point de complément : *il était sur son trône, et ses fils étaient alentour.*

2°. Ne confondez pas *avant et auparavant. Avant* est une préposition qui peut être suivie d'un complément : *avant l'âge, avant le temps. Auparavant* n'est qu'un adverbe, et il n'a point de complément : *ne partez pas sitôt, venez me voir auparavant.*

3°. Ne confondez pas *sur* et *dessus, sous* et *dessous, dans* et *dedans. Sur, sous, dans,* sont des prépositions et prennent des compléments : *sur une chaise, sous une table, dans une chambre. Dessus, dessous, dedans,* n'en prennent pas : *voyez cette armoire, il y a des robes dedans, un carton à chapeau dessus, et un tabouret dessous.*

4°. *Au travers* est suivi de la préposition *de : au travers des ennemis ;* — *à travers* n'en est pas suivi. On dit : *à travers les ennemis.*

§ 54. SUR LES ADVERBES.

1°. *Plus* et *davantage* ne s'emploient pas toujours l'un pour l'autre : *davantage* ne peut être suivi de la préposition *de* ni de la conjonction *que.* On ne dit pas : *il a davantage de brillant que de solide,* mais *plus de brillant ;* on ne dit pas : *il se fie davantage à ses lumières qu'à celles des autres,* mais *il se fie plus à ses lumières.*

Davantage ne peut s'employer que comme adverbe. Exemple : *La science est estimable, mais la vertu l'est bien davantage.*

2°. Ne confondez pas l'adverbe composé *près de,* qui signifie *sur le point de,* avec l'adjectif *prêt à,* qui signifie *disposé à.* On ne dit point *il est prêt à tomber,* mais *il est près de tomber.*

3°. Ne confondez pas les locutions adverbiales *à la campagne* et *en campagne* : ce dernier ne se dit que du mouvement des troupes : *l'armée est en campagne;* mais il faut dire : *j'ai passé l'été à la campagne.*

CHAPITRE XII.

L'ORTHOGRAPHE.

§ 55. DÉFINITION. — ORTHOGRAPHE DES NOMS ET DES ADJECTIFS.

L'ORTHOGRAPHE est la manière d'écrire correctement tous les mots d'une langue.

La première lettre des noms propres doit être une lettre capitale : *Pierre, Paris.*

Les noms et adjectifs qui ne finissent point par *s* au singulier en prennent une au pluriel. Exemple : *un jardin charmant, des jardins charmants.*

On écrit avec *mp, compte, compter,* pour signifier *supputer;* avec *m* seulement *comte, comté,* titre, dignité; avec une *n, conte, conter,* pour signifier *raconter.*

On écrit avec *mp, champ,* pour signifier *terre,* et avec *nt, chant,* pour signifier l'action de *chanter.*

On écrit ainsi *faim,* besoin de manger, et *fin,* le terme où finit une chose : *La faim a contraint les assiégés de se rendre; la mort est la fin de la vie.*

On écrit par *ce, glace, besace, grimace, espace, place, race, grâce,* etc., et par *sse, terrasse, basse, grasse.*

On écrit par *a* les mots suivants : *abondance, constance, vigilance, distance,* etc., et par *e, prudence, conscience, absence, clémence, éloquence,* etc. (Cette différence vient de l'orthographe des mots latins, d'où les nôtres sont tirés.

On écrit par *ce, nièce, pièce,* et par *sse, adresse, blesse, paresse,* etc.

On écrit par *ice, calice, office, artifice, précipice,* et par *isse, écrevisse, réglisse, jaunisse.*

On écrit par *s, appréhension, dimension, pension, convulsion, ascension,* etc.; et par *t, attention, condition, agitation, discrétion,* etc.

Le *t* devant *ion* conserve sa prononciation dans les noms où il est précédé d'une *s* ou d'un *x : question, indigestion, mixtion;* autrement, il se prononce comme *s : attention,* prononcez *attension.*

On écrit par *x, fluxion, réflexion, complexion, génuflexion,* etc.; et par *ct, action, distinction, séduction, prédilection* [1], etc.

§ 56. ORTHOGRAPHE DES VERBES.

Présent de l'indicatif. — Singulier. 1°. Si la première personne finit par *e, j'aime, j'ouvre,* etc., on ajoute *s* à la seconde; la troisième est semblable à la première. Exemple : *j'aime, tu aimes, il aime.*

2°. Si la première personne finit par *s* ou *x,* la seconde est semblable à la première; la troisième finit ordinairement en *t : je finis, tu finis, il finit.* (Dans quelques verbes, la troisième personne se termine en *d : il rend, il vend, il prétend.*)

Pluriel. Le pluriel, dans toutes les conjugaisons, se

---

1. Ces observations ne peuvent être réduites en règles générales : la lecture, le dictionnaire et l'usage doivent seuls en tenir lieu.

termine, excepté au prétérit simple, par *ons*, *ez*, *ent* : *nous aimons, vous aimez, ils aiment ; nous finissons, vous finissez, ils finissent.*

Imparfait de l'indicatif. — Il se termine toujours de cette manière : *ais, ais, ait, ions, iez, aient : j'aimais, tu aimais,* etc.

Prétérit de l'indicatif. — Le prétérit simple a quatre terminaisons : *ai, is, us, ins,* de cette manière : *j'aimai, tu aimas, il aima, nous aimâmes, vous aimâtes, ils aimèrent. Je finis, tu finis, il finit, nous finîmes, vous finîtes, ils finirent. Je reçus, tu reçus, il reçut, nous reçûmes, vous reçûtes, ils reçurent. Je devins, tu devins, il devint, nous devînmes, vous devîntes, ils devinrent.*

Futur de l'indicatif. — Il se termine toujours ainsi : *rai, ras, ra, rons, rez, ront : j'aimerai, tu aimeras,* etc.

Conditionnel présent. — Il se termine toujours ainsi : *rais, rais, rait, rions, riez, raient : J'aimerais, tu aimerais,* etc.

Présent du subjonctif. — Il se termine toujours ainsi : *e, es, e, ions, iez, ent : Que j'aime, que tu aimes,* etc.

Imparfait du subjonctif. — Il a quatre terminaisons : *asse, isse, usse, insse,* de cette manière : *j'aimasse, tu aimasses, il aimât,* etc.; *je finisse, tu finisses,* etc.; *je reçusse, tu reçusses,* etc. ; *je devinsse, tu devinsses, il devînt, nous devinssions, vous devinssiez, ils devinssent.*

Remarquez que les secondes personnes plurielles des verbes ont ordinairement un z à la fin.

§ 57. ORTHOGRAPHE DE QUELQUES MOTS PARTICULIERS.

Leur ne prend jamais s à la fin quand il est joint à un

verbe : alors il est pronom, et signifie *à eux, à elles* : *ces enfants ont été sages, je leur donnerai un prix.*

Leur, suivi d'un nom pluriel, prend une *s* ; alors il est adjectif possessif, et signifie *d'eux, d'elles* : *un père aime ses enfants, mais il n'aime pas leurs défauts.*

On ne met pas d'accent sur *o* dans *notre, votre,* quand ils sont devant un nom : *votre père, notre maison* ; mais on met un accent circonflexe sur *o* dans *le nôtre, le vôtre, la nôtre, la vôtre* : *mon livre est plus beau que le vôtre.*

On met un accent grave sur *là*, adverbe de lieu : *allez là* ; on n'en met point sur *la* article : *la mère* ; ni sur le pronom féminin *la : je la connais.*

On met un accent grave sur *où* adverbe de lieu ou nom conjonctif invariable : *où allez-vous ?* On n'en met point sur *ou* conjonction : *c'est vous ou moi.*

On met un accent grave sur *à* préposition : *je vais à Paris.* On n'en met point sur *a* troisième personne du verbe *avoir : il a de l'esprit.*

On met un accent circonflexe sur *dû,* participe du verbe *devoir : rendre à chacun ce qui lui est dû.* On n'en met point sur *du* article contracté : *la lumière du soleil.*

§ 58. EMPLOI DE L'APOSTROPHE.

Il faut remplacer par l'apostrophe les lettres *a* et *e*, dans *le, la, je, me, te, se, de, ne, que, ce* ; quand ces mots sont suivis d'une voyelle ou d'une *h* muette.

Le et **la** articles devant les noms. On dit : *l'ami, l'enfant, l'instinct, l'oiseau, l'univers, l'honneur,* etc., pour *le enfant,* etc. ; *l'abeille, l'épée, l'intention, l'oisiveté,* etc., pour *la abeille, la épée,* etc.

Je devant un verbe et les mots *en* et *y*. On dit : *j'ap-*

prends, *j'étudie*, *j'honore*, *j'y pense*, etc., pour *je apprends*, etc.

Me. On dit : *vous m'aimez*, *vous m'estimez*, *vous m'instruisez*, etc., pour *me aimez*, etc.

Te. On dit *je t'avertis*, *je t'ennuie*, *je t'invite*, etc., pour *te avertis*, etc.

Le, *la*, pronom ou mot relatif invariable devant un verbe : *je l'estime*, pour *j'estime lui* ou *elle*; *je l'imagine*, pour *j'imagine cela*.

Se. On dit : *il s'amuse*, *il s'ennuie*, *il s'instruit*, *il s'occupe*, pour *se amuse*, etc.

De préposition. On dit : *beaucoup d'apparence*, *d'ignorance*, *d'orgueil*, pour *de apparence*, etc.

Ne adverbe de négation. On dit : *je n'aime pas*, *je n'estime pas*, *il n'obéit pas*, pour *ne aime*, etc.

Que adjectif conjonctif devant les verbes et les mots en *et y*. On dit : *Qu'avez-vous fait? qu'importe*, *qu'en dites-vous?* pour *que avez-vous fait?* etc.

Ce. On dit : *c'est la vérité*, pour *ce est*, etc.

Quelque perd *e* devant *un*, *autre* : *quelqu'un*, *quelqu'autre*.

Entre perd *e* devant *eux*, *elles*, *autres* : *entr'eux*, *entr'elles*, *entr'autres*.

Jusque perd *e* devant *à*, *au*, *aux*, *ici* : *jusqu'à Paris*, *jusqu'au ciel*, *jusqu'ici*.

I se retranche dans le mot *si* devant *il*, *ils* : *s'il arrive*, *s'ils viennent*.

§ 59. LE TRAIT D'UNION; LA PARENTHÈSE; LE TRÉMA.

Le *trait d'union* (-) se met entre les verbes et *je*, *me*, *moi*, *toi*, *tu*, *nous*, *vous*, *il*, *ils*, *elle*, *elles*, *le*, *la*, *les*, *lui*, *leur*, *y*, *en*, *ce*, *on*, quand ces mots sont placés après le verbe. Exemples : *Irai-je? viens-tu? donnez-*

lui; achèvera-t-il ? viendra-t-elle ? a-t-on fait ? prenez-en, etc.

On met encore le trait d'union entre deux mots tellement joints ensemble qu'ils n'en font plus qu'un : *chef-d'œuvre, courte-pointe, avant-coureur.*

La *parenthèse.* On appelle ainsi deux crochets ( ), entre lesquels on renferme quelques mots détachés. Exemple : *Celui qui évite d'apprendre* (dit le Sage) *tombera dans le mal.*

Le *tréma* s'emploie pour distinguer les prononciations différentes de syllabes qui s'écrivent de même.

L'*u* est muet dans *digue, fatigue, langue, harangue;* il est sonore dans *ciguë, aiguë, ambiguë, exiguë.*

On met le tréma sur l'*e* muet, et non pas sur l'*u* dans ces mots et autres semblables.

CHAPITRE XIII.

LA PONCTUATION.

---

§ 60. SIGNES DE PONCTUATION; LEUR USAGE.

Il y a six marques pour indiquer, en écrivant, les endroits du discours où l'on doit s'arrêter.

1°. La *virgule* (,) se met après les noms, les adjectifs, les verbes qui se suivent. Exemples : *La candeur, la douceur, la simplicité, sont les vertus de l'enfance. La charité est douce, patiente, bienfaisante.*

La virgule sert encore à distinguer les différentes parties d'une phrase. Exemple : *L'étude rend savant, et la réflexion rend sage.*

2°. Le point avec la virgule, nommé *point et virgule* (;), se met entre deux phrases dont l'une dépend de l'autre. Exemple : *La douceur est, à la vérité, une vertu ; mais elle ne doit pas dégénérer en faiblesse.*

3°. Les *deux points* (:) se mettent après une phrase finie, mais suivie d'une autre qui sert à l'étendre ou à l'éclaircir. Exemple : *Il ne faut jamais se moquer des misérables : car qui peut s'assurer d'être toujours heureux ?*

4°. Le *point* (.) se met à la fin des phrases, quand le sens est entièrement fini. Exemple : *Le mensonge est le plus bas de tous les vices.*

5°. Le *point interrogatif* (?) se met à la fin des phrases qui expriment une interrogation. Exemple : *Quoi de plus beau que la vertu ?*

6°. Le *point d'admiration* (!) se met après les phrases qui expriment l'admiration. Exemples : *Qu'il est doux de servir le Seigneur ! Qu'il est glorieux de mourir pour sa patrie !*

FIN.

TABLE ALPHABÉTIQUE

DES MATIÈRES CONTENUES DANS CE VOLUME.

TABLE DES MATIÈRES

PAR ORDRE DE CHAPITRES.